Erwin W. Lutzer

Seine schwerste Stunde
Einblicke in das Herz Jesu am Kreuz

W0051869

Für Jesus, meinen geliebten Erlöser,
dessen Tod am Kreuz mich mit Gott versöhnt
und mein Herz gewonnen hat.

*»Mir aber sei es fern, mich zu rühmen als nur
des Kreuzes unseres Herrn Jesus Christus,
durch das mir die Welt gekreuzigt ist
und ich der Welt.«*
Galater 6,14

ERWIN W. LUTZER

SEINE SCHWERSTE STUNDE

Einblicke in das Herz Jesu am Kreuz

Impressum

Lutzer, Erwin
Seine schwerste Stunde
Einblicke in das Herz Jesu am Kreuz

ISBN 978-3-89436-975-0

2. Auflage 2012
© Copyright 2002 by Erwin Lutzer
This book was first published in the United States by Moody Publishers,
820 N. LaSalle Blvd., Chicago, IL 60610 with the title »Cries from the Cross«.
Translated by permission.

© 2005 Christliche Verlagsgesellschaft mbH, Dillenburg
Umschlaggestaltung: Joe Ragont / Diethart Kerkmann
Satz: Enns, Schrift & Bild, Bielefeld
Übersetzung: Peter Schäfer von Reetnitz
Druck: CPI Moravia Books, Pohorelice

Printed in Czech Republic

INHALT

VORWORT

Es gibt eine Geschichte von einem Pilger auf seinem Weg ins verheißene Land. Er trug das Kreuz seines Meisters – eine Bürde, die er freudig auf sich nahm. Allerdings bemerkte er bald: Je weiter er ging, desto schwerer wurde die Last. Als der Pilger müde wurde, setzte er sich hin, um zu rasten. Dabei bemerkte er in der Nähe einen Waldarbeiter. »Guter Freund«, rief er, »darf ich einmal deine Axt haben, um mein Kreuz zu stutzen?« Der Waldarbeiter willigte ein.

Der Pilger zog weiter und kam gut voran. Sein Kreuz war kleiner, seine Last leichter. Bald konnte er in der Ferne das verheißene Land sehen. Als er näher kam, sah er allerdings, dass ein tiefer Abgrund zwischen ihm und der jenseitigen Herrlichkeit den Weg versperrte. Er würde das Kreuz brauchen, um die Kluft zu überbrücken.

Aber so sehr er sich anstrengte, das Kreuz über den tiefen Spalt zu legen – es war um den Teil zu kurz, den er abgehackt hatte. In diesem Augenblick erwachte der Pilger: Es war nur ein Traum gewesen. Und nun umklammerte er mit tränenüberströmtem Gesicht sein Kreuz und drückte es an sich. Das Kreuz war genauso schwer wie zuvor, aber jetzt ertrug er es mit größerer Freude. Er würde es erdulden – auf dem ganzen langen Weg bis hinein ins verheißene Land.

Natürlich kommen wir nicht in den Himmel, weil wir ein schweres Kreuz tragen, sondern weil wir für unser Heil Christus allein vertrauen. Aber die Geschichte zeigt: Wir als Erlöste sind berufen, unser Kreuz zu tragen, wenn wir mit Freude in den Himmel eingehen wollen. Gesegnet sind die, die sein volles Gewicht tragen.

A.W. Tozer hatte Recht, als er sagte: »Der Teil von uns, den wir vor dem Kreuz bewahren, ist der Sitz unserer Probleme.« Jener Teil des Kreuzes, den zu tragen wir uns weigern, ist der Teil, der uns für das Reich Gottes untauglich macht. Je leichter unser Kreuz, desto schwächer unser Zeugnis.

Dieses Buch wurde in der Überzeugung geschrieben, dass wir umso besser erfassen, was das Kreuz für uns bedeuten soll, je mehr wir verstehen, was das Kreuz für Christus bedeutete. Wir müssen lernen, dass das Kreuz für ihn etwas ganz anderes bedeutete als die sentimentalen Empfindungen, die viele mit dem Symbol verbinden, das sie an einem Kettchen um ihren Nacken tragen. Am Fuße des Kreuzes zu stehen, heißt, den Zweck zu bezeugen, zu dem Gott die Welt erschaffen hat. Hier sehen wir die Merkmale Gottes offenbart. Und wenn wir aufmerksam hinschauen, dann werden wir uns selbst sehen – mit all unseren Bedürfnissen, Sünden und Selbsttäuschungen. Wir erkennen voll Dankbarkeit, dass Gott sich am Kreuz entschieden hat, seinen Zorn von denen abzuwenden, die demütig Christus als ihrem Sündopfer vertrauen.

Niemand wird sich für qualifiziert halten, ein Buch über das Kreuz zu schreiben. Ich habe diese Aufgabe in dem vollen

Bewusstsein übernommen, dass ich das Geheimnis nur untersuchen, nicht aber ergründen kann. Ich kann über die Worte Jesu nachdenken, aber ich kann nur undeutlich wahrnehmen, was sie in seiner Leidensstunde für ihn bedeuteten. Ich kann mir die Szene vorstellen, aber ich habe Schwierigkeiten, ihre Bedeutung in vollem Umfang zu erfassen. Doch hier ist die Teilerkenntnis Wahrheitserkenntnis – man muss nicht alles verstehen, um etwas zu verstehen. So bringt jede Betrachtung des Kreuzes großen persönlichen Gewinn.

Dieses Buch ist ein Geschenk meines Herzens an das Ihre. Wenn Sie sich dadurch gesegnet, ermutigt und herausgefordert fühlen, dann gebührt der Dank dem, der des Lobpreises am meisten würdig ist. *»Und sie singen ein neues Lied und sagen: Du bist würdig, das Buch zu nehmen und seine Siegel zu öffnen; denn du bist geschlachtet worden und hast durch dein Blut für Gott erkauft aus jedem Stamm und jeder Sprache und jedem Volk und jeder Nation und hast sie unserem Gott zu Königen und Priestern gemacht, und sie werden über die Erde herrschen«* (Offb 5,9-10).

Wir wollen mit Fanny Crosby beten:

»Jesus, halt beim Kreuze mich nah,
wo eine kostbare Quelle –
ein heilender Strom – frei für alle
fließet vom Hügel Golgatha.

Im Kreuze, ja im Kreuze nur
sei immer mein Stolz gebunden,
bis meine entrückte Seele gefunden
jenseits des Stroms ihre Ruh.«[1]

Die Moody-Gemeinde
im Januar 2002

EINBLICKE
IN DAS HERZ JESU

»Und als sie ihn verspottet hatten, zogen sie ihm den Mantel aus und zogen ihm seine eigenen Kleider an; und sie führten ihn ab, um ihn zu kreuzigen.«
Matthäus 27,31

W arst du dabei, als sie meinen Herrn kreuzigten?«
»W Als »Kind habe ich mich gefragt, was diese Worte wohl bedeuten könnten. Offenbar lag es in der Absicht des Lieder- dichters, dass diese Frage von uns mit »Ja« beantwortet werden sollte. Und doch – was könnte klarer sein als die Tatsache, dass ich *nicht* dabei war, als sie meinen Herrn kreuzigten? Ich wurde Jahrhunderte, nachdem Jesus starb, geboren; ich ver- passte das Geschehen um zwei Jahrtausende. Ich war auch nicht dabei, als sie ihn in die Gruft legten und als er aus dem Grab heraus auferstand.

Doch je mehr mein Verständnis im Glauben wuchs, desto klarer wurde mir: Ich *war* dabei. In der Tat: Wäre ich nicht da- bei gewesen, dann wäre ich auch nicht erlöst. Denn es war auf

Golgatha, dass Jesus rechtsgültig für meine Sünde als schuldig befunden wurde. Dank seines ewigen Vorsatzes kann ich sagen, dass er für mich starb, und er *»hat sich zur Rechten der Majestät in der Höhe gesetzt, nachdem er die Reinigung von den Sünden bewirkt hat«* (Hebr 1,3). Das bedeutet: Die, die nicht *dabei* waren, werden in ihren Sünden sterben.

Das Kreuz wird heute weithin missverstanden. Das beweist die Tatsache, dass es so gut wie unmöglich ist, jemanden zu finden, der etwas Schlechtes darüber sagen wird. Das Kreuz wird von Sportlern als Anhänger getragen, von Jüngern des New Age, des »Neuen Zeitalters«, und von Rockstars. Dieses Instrument des Todes und unbeschreiblicher Grausamkeit ist nun ein Symbol für Einheit, Toleranz und Spiritualität jeder Art. Das »Ärgernis des Kreuzes«, wie Paulus es ausdrückt, ist schon lange dahingeschwunden, da man seine Botschaft umgedeutet hat, um sie in das Schema des modernen Denkens einzupassen. Viele, die das Kreuz am Kettchen um den Hals tragen, wären schockiert, wenn sie seine wahre Bedeutung erfassten.

Lassen Sie mich Ihnen beispielsweise eine Frau, Mitte dreißig, vorstellen, die ich im Flugzeug nach Cleveland getroffen habe. Meine Frau und ich saßen nebeneinander, als ich bemerkte, dass meine Sitznachbarin eine Halskette mit einem Kreuz daran trug. In der Hoffnung, ein Gespräch in Gang zu bringen, sagte ich zu ihr: »Danke, dass Sie dieses Kreuz tragen ... Wir haben wirklich einen wunderbaren Heiland, oder nicht?«

Sie verdrehte verwundert ihre Augen nach oben und sagte: »Nun, ich glaube nicht, dass ich das Kreuz in gleicher Weise verstehe, wie Sie es tun – da, sehen Sie.« Sie hielt das kleine Kreuz in der Hand und zeigte mir an seinem unteren

Ende einen jüdischen Davidsstern und darunter ein Symbol der Hindugottheit Om. »Ich bin Sozialarbeiterin. Die Menschen, die ich betreue, finden Gott auf unterschiedliche Weise. Das Christentum ist nur einer der Wege zum Göttlichen.«

Sie können sich die lebhafte Unterhaltung vorstellen, die wir in den nächsten 20 Minuten darüber hatten, ob das Kreuz mit den anderen Weltreligionen verbunden werden kann. Ich erklärte, dass man das Kreuz zwar an einer Halskette mit anderen Symbolen vereinigen könne, aber in der Realität niemals. Je mehr sie das Kreuz verstehen lernte, desto klarer sah sie, dass es unbedingt allein stehen muss. Es mit irgendeiner anderen Religion, Philosophie oder Menschheitsidee zu verbinden, heißt, seine Bedeutung zunichte zu machen. Ich entdeckte wieder einmal, dass die Welt sich seit langem von der wahren Botschaft des Kreuzes zutiefst beleidigt fühlt. Je mehr die breite Masse von dem begreift, was Jesus tat und warum, desto mehr wird das Kreuz verachtet.

Manche, die sich gern als Christen bezeichnen, sehen in dem Kreuz die höchste Anerkennung des menschlichen Wertes. Sie argumentieren so: Gott war bereit, seinen Sohn zu senden, damit er für uns stirbt. Das muss bedeuten, dass wir als Personen von höchstem Wert sind. Daher dürfen wir das Kreuz als ein Mittel zur Kennzeichnung unserer hohen Stellung und zur Stärkung unseres Selbstbewusstseins benutzen. So kann ein Mensch ohne Verlust seiner Selbstachtung folgern, dass er ein Recht darauf hat, von Gott gesegnet zu werden – schon allein aufgrund dessen, weil er Mensch ist. Solch ein Kreuz wird für niemanden ein Ärgernis sein; es wird auch nicht als Torheit gebrandmarkt werden. Ich fühle mich da an ein Schild auf dem Verkaufstisch eines Händlers während eines Festivals in Brasilien erinnert: Billige Kreuze zu verkaufen.

Solche Menschen verfehlen die zentrale Botschaft des Kreuzes. Sie besteht nicht nur darin, dass Jesus für uns starb. Es ist auch wichtig zu sehen, wie er starb. Die Kreuzigung war nicht nur eine grausame Hinrichtungsart. Sie erniedrigte ihre Opfer; sie wurde benutzt, um die Verfluchtesten hinzurichten. Der Vorgang mit seiner ganzen Folter endete schließlich damit, dass das Opfer nackt war, rechtlos, ehrlos und ohne jede Zuflucht. So beweist das Kreuz nicht nur Gottes erbarmende Liebe zu den Sündern, sondern auch das Ausmaß unserer Sünde und Rebellion gegen ihn. Sünde zu lieben, wäre für uns, wie das Messer zu lieben, mit dem ein Kind getötet worden ist.

Denken Sie über die Worte von Sir Robert Anderson nach, der diese gewaltigen Gedanken niederschrieb: »Das Kreuz hat den Menschen vor die Wahl der Gnade oder des Gerichts gestellt. Es hat alle ›Abgrenzungen‹ niedergerissen und eine Welt nackter Sünder zurückgelassen, die vor dem Rand der Hölle erbeben. Jeder Versuch, sich selbst zu retten, ist bloße Leugnung des eigenen Untergangs und eine Verleugnung der Gnade Gottes, der sich herniederbeugt, um die Sünder dort zu segnen, wo sie sind und wie sie sind.«[1] Das Kreuz – richtig verstanden – erhebt niemanden, den es nicht zuvor gedemütigt hat. Es gibt nur denen Leben, die es zuvor »hingerichtet« hat. Das Kreuz stellt die Nichtigkeit unseres selbstgerechten Wesens zur Schau. Es erinnert uns daran, dass wir Sünder sind – unfähig, unsere eigene Aussöhnung mit Gott zustande zu bringen. Vor dem Kreuz können wir nur mit gebeugtem Haupt und zerbrochenem Geist stehen.

Ja, wir waren dabei, als unser Herr gekreuzigt wurde. Herbert Butterfield schrieb:

»Die Kreuzigung, wie auch immer wir sie sonst betrachten mögen, klagt die menschliche Natur an. Sie klagt uns der vielen Dinge an, die wir für unsere Gerechtigkeit halten ... Unsere Haltung zur Kreuzigung muss die der Selbstidentifizierung mit der übrigen Menschheit sein. Wir müssen sagen: ›Wir haben es getan.‹ Unsere Unfähigkeit, im Hinblick auf die Ereignisse des 20. Jahrhunderts etwas von dieser Haltung anzunehmen, hat unser phänomenales Versagen verursacht, mit dem Problem des Bösen umzugehen.«[2]

Solange wir uns nicht selbst des Urteils würdig erachten, das Pilatus über Jesus fällte, solange wir uns nicht selbst als der Hölle wert erkennen, werden wir das Kreuz niemals begreifen. Jemand hat gesagt, es sei schwierig für uns, das Kreuz auf uns zu nehmen in einer Zeit, in der das persönliche Vergnügen König ist.

Ganz im Gegensatz zur allgemeinen Ansicht besteht die zentrale Botschaft des Christentums nicht in der Bergpredigt oder in Jesu Gleichnissen über Nächstenliebe. Die Botschaft, die die Welt des ersten Jahrhunderts veränderte, bestand darin, dass die Menschen schuldig sind – unhaltbar schuldig der Sünden, für die sie keine Sühnung erbringen können. Das Kreuz zerschmettert jeden Stolz und unterhöhlt den Wert jeder eigenen Bemühung. Das Kreuz steht als Beweis der großen Liebe Gottes, aber es offenbart gleichzeitig unsere eigene Widerwärtigkeit. Es ist unglaublich – die Jünger behaupteten, dass diese grausame, erniedrigende Hinrichtung Jesu Gottes wunderbarste Rettungstat gewesen sei. Kein Wunder, dass dies für die religiösen Menschen ein Stein des Anstoßes und denen, die sich selbst für weise hielten, eine Torheit war! Und kein Wunder, dass es ihre Welt veränderte!

Andere missdeuten das Kreuz als eine Standarte, die verteidigt werden muss, nicht als ein Instrument der Hinrichtung. Wir werden heutzutage von etwas überflutet, was man »kulturelles Christentum« nennen könnte, eine Art Lehre, die das Kreuz Christi in die amerikanische Flagge einwickelt – oder in die Flagge jedes beliebigen anderen Staates. In unserem Land setzen wohlmeinende Menschen den amerikanischen Traum gleich mit der Vorstellung Gottes für diese Nation. So gibt es eine christliche politische Tagesordnung mit nationalistischen Zwischentönen hinsichtlich der Landesverteidigung, der Religionsfreiheit und Ächtungen verschiedenster Art. So achtbar diese Zielsetzungen auch sein mögen, wenn wir sie als »christlich« kennzeichnen, dann verschleiern wir damit häufig die eine Botschaft, die die Welt in Klarheit und Vollmacht zu hören nötig hat. Fragen Sie irgendeinen Durchschnittsamerikaner, was Christen glauben. Er wird Ihnen auf vielfältige Weise antworten und dabei oft politische Fragestellungen widerspiegeln. Die allerwenigsten wissen, dass die zentrale Lehre des Christentums darin besteht, dass Christus am Kreuz starb, um Sünder vor dem ewigen Verderben zu retten.

Haben wir (ich spreche von den engagierten Christen unter uns) vergessen, dass die Macht Gottes in der Botschaft vom Kreuz klarer sichtbar wird als in jedem politischen oder gesellschaftlichen Plan, den wir uns ausdenken könnten? Könnte nicht unsere Suche nach dem Gegenmittel für unsere schmerzlichen Übel symptomatisch sein für unser verlorenes Vertrauen in die Kraft des Kreuzes, Menschen von innen her zu retten? Klammern wir uns an das Kreuz in der tiefen Gewissheit, dass es nicht nur ein Teil unserer Botschaft ist, sondern – richtig verstanden – die ganze Botschaft?

Und hierin liegt die Warnung. P. T. Forsythe schrieb, als er vom Kreuz als Brennpunkt des Werkes Gottes für Sünder sprach: »Wenn sich der Glaube von diesem Zentrum entfernt, ist der Nagel in den Sarg der Gemeinde eingeschlagen. Dann ist die Gemeinde zum Tode verurteilt, und es ist nur eine Frage der Zeit, wann sie erlischt.«[3] Die Gemeinde kann nur am Kreuz leben und atmen. Ohne das Kreuz gibt es für sie kein Leben und keinen Existenzgrund. Genau gesagt: Es ist »die Kraft Gottes zum Heil«.

Andere betrachten das Kreuz mit tief empfundener Sentimentalität, aber ohne einen Geist der Buße. Im Wartezimmer einer Klinik traf ich einmal eine Frau, die die Wunden Jesu betrachtete, wobei sie einen Anhänger, der den gekreuzigten Jesus darstellte, in den Händen hielt. »Er hat so sehr gelitten ... es ist unglaublich«, sagte sie mit Tränen in den Augen. Ich erinnerte sie daran, dass Jesus für unsere Sünden litt. »Ja«, erwiderte sie, »aber warum so *viele schwere* Leiden? Leiden für ein paar kleine Lügen, die wir reden und für ein paar Fehler, die wir gemacht haben?«

Diese Dame – Gott segne sie – weinte über die Leiden Jesu am Kreuz, aber sie weinte nicht über ihre Sünden, die ihn dorthin gebracht haben. So gut ich konnte, versuchte ich, es ihr zu erklären: Wenn wir die Heiligkeit Gottes verstehen, werden wir nicht von »kleinen Lügen« oder von »ein paar Fehlern, die wir gemacht haben« sprechen. Zum einen haben die meisten Menschen mehr als ein paar »kleine« Übertretungen in ihrem Lebenslauf stehen. Zum anderen sagt das erste Gebot: »*Du sollst den Herrn, deinen Gott, lieben aus deinem ganzen Herzen und aus deiner ganzen Seele und aus deinem ganzen Verstand und aus deiner ganzen Kraft*« (Mk 12,30). Diese Worte verurteilen uns alle, denn von Natur aus sind wir mehr mit unseren persönlichen Interessen beschäftigt. Nur, wenn wir uns Gott als eine bloße Vergrößerung von uns selbst vorstellen, können wir zu dem Schluss kommen, dass unsere Sünde nichts Ernstes sei.

Ravi Zacharias berichtete, eine Neubekehrte habe ihm geschrieben. Immer, wenn sie über das Kreuz las, brachte es sie auf die Knie, und sie dachte über die Liebe Gottes nach. Aber wenn sie von der Hölle las, haderte sie mit Gott. Anscheinend war ihr nicht klar, dass man das Kreuz nicht begreifen kann, ohne die Hölle zu verstehen. Ohne Hölle ist das Kreuz seiner Bedeutung entleert.

Das Leiden Jesu war einfach deshalb schrecklich, weil unsere Sünde schrecklich ist. Und man muss stets im Sinn behalten, dass die Leiden Jesu nicht in erster Linie körperlich waren. Es waren nicht die Fleischwunden, nicht die Dornenkrone und nicht die Nägel. Das allerletzte, das tiefste Leiden war der Schmerz, den er erdulden musste, war der drei Stunden andauernde Zerbruch der Gemeinschaft mit dem Gott am Kreuz – eine Seelenqual, die weder Sie noch ich jemals erlebt haben.

Man muss sich vergegenwärtigen, dass die Kreuzigung – trotz all ihrer Schrecken – im ersten Jahrhundert üblich war. Man schätzt, dass die Römer etwa 30.000 Menschen jährlich kreuzigten. Kreuzigung war die akzeptierte Hinrichtungsweise für politische Gefangene und Verbrecher der verschiedensten Art. Diese Menschen erlitten die gleichen körperlichen Leiden wie Jesus. Aber der Kelch, den der Vater Christus zu trinken gab, bedeutete, dass er an unserer Stelle Träger unserer Sünden wurde. Golgatha ist der Schrecken, wenn die Heiligkeit unseres Erlösers mit unserer Sündhaftigkeit in Berührung kommt.

Gottes Sicht vom Kreuz

Das Kreuz war vor allem anderen für Gott, den Vater, bestimmt. Paulus schrieb: »*Ihn hat Gott dargestellt zu einem Sühneort durch den Glauben an sein Blut zum Erweis seiner Gerechtigkeit ... in der jetzigen Zeit, dass er gerecht sei und den rechtfertige, der des Glaubens an Jesus ist*« (Röm 3,25-26). In alttestamentlicher Zeit hatte Gott Gemeinschaft mit jemandem wie Abraham, Mose und David sowie mit zahllosen anderen, deren Sünden noch nicht endgültig weggetan waren. Da das Blut der Opfertiere nur eine symbolische Reinigung brachte, hatte sich Gott entschieden, diese Menschen »auf Kredit« zu erretten. Er legte ihre Sünde beiseite, damit er Gemeinschaft mit ihnen haben konnte, aber das Lösegeld war noch nicht bezahlt. Um dafür zu sorgen, dass niemand seine Gerechtigkeit in Frage stellen kann, starb Christus und erbrachte die Bezahlung sowohl für die alttestamentlichen Gläubigen als auch für uns.

Der Gehorsam Christi als das Lamm Gottes war dem Vater kostbar. Paulus sagt, wir sollen ein Leben der Liebe leben, »*wie auch der Christus uns geliebt und sich selbst für uns hingegeben hat als Gabe und Schlachtopfer, Gott zu einem duftenden Wohlgeruch*« (Eph 5,2). Die Bereitschaft des Sohnes, nach einem zuvor vereinbarten Plan zu leiden, war eine wohlduftende Gabe und ein wohlgefälliges Opfer für Gott.

Gott erfreute sich an dem Opfer seines Sohnes. »*Doch dem Herrn gefiel es, ihn zu zerschlagen. Er hat ihn leiden lassen. Wenn er sein Leben als Schuldopfer eingesetzt hat, wird er Nachkommen sehen, er wird seine Tage verlängern. Und was dem Herrn gefällt, wird durch seine Hand gelingen*« (Jes 53,10). Wenn wir uns die Frage stellen, wer Jesus hinrichtete, dann darf unsere erste Antwort nicht lauten »die Juden« oder Pilatus, sondern Gott.

19

Es war Gott, der seinen Sohn zermalmte. Petrus sagt, er wurde den Juden überliefert *»nach dem bestimmten Ratschluss und nach Vorkenntnis Gottes«* (Apg 2,23). Einfach gesagt: Jesus wurde gekreuzigt im Einvernehmen mit dem Plan des Vaters.

Geißelte Gott seinen Sohn? Schlug er die Nägel durch seine Hände und Füße? Nein, diese Grausamkeit wurde selbstverständlich von bösen Menschen verübt. Und doch taten diese Sünder, was Gott zu tun beabsichtigte. Wir müssen das Geheimnis als Tatsache akzeptieren, dass zwar die Verantwortung für den Tod Jesu bei den bösen Menschen liegt, dass der Plan dazu jedoch Gottes Plan war. Petrus sagte, als er von all denen sprach, die sich verschworen hatten, Jesus zu kreuzigen, dass sie bereit waren *»alles zu tun, was deine Hand und dein Ratschluss vorherbestimmt hat, dass es geschehen sollte«* (Apg 4,28).

Warum sollte der Vater so etwas tun? John Piper erwidert auf diese Frage: »Er tat es, um die Unstimmigkeit zwischen der Liebe zu seiner Herrlichkeit und seiner Liebe zu den Sündern aufzulösen.«[4] Gott konnte nicht einfach Vergangenes vergangen sein lassen. So kamen Gott der Vater und Gott der Sohn vor Anbeginn der Zeit hinsichtlich des Planes überein, nach dem die Ungerechtigkeit von uns allen Jesus auferlegt werden würde. Er würde unsere Strafe tragen, damit wir zu Recht durch Gott den Vater freigesprochen werden könnten. Die Sünde würde als das Schreckliche vorgeführt werden, das sie ist, und Gott würde als der liebende Gott gezeigt werden, der er ist. Am Kreuz prallten Gottes unbeugsame Heiligkeit und seine Liebe aufeinander und leisteten einander Genugtuung.

Man hört heute oft, Gott vergebe den Menschen eher aufgrund seiner Liebe als auf der Grundlage von Christi Opfer.

Moderne Menschen, die ihre Sünden vernunftmäßig rechtfertigen, finden es schwierig zu verstehen, dass Gott seine Gnade Sündern nicht zuwenden kann, ehe seine heilige Gerechtigkeit befriedigt ist. Gestern erst sagte man mir, es sei arrogant zu behaupten, dass dem weltbekannten Führer einer östlichen Religion (offenbar ein guter Mensch) der Eintritt in den Himmel verwehrt bleibe. Aber die biblische Antwort ist diese: Nur, wer durch den Tod Christi vor dem Zorn Gottes geschützt ist, wird errettet werden. Oder, um es positiver auszudrücken: Nur denen wird der Zutritt in die Gegenwart Gottes gewährt werden, die der Gerechtigkeit des gekreuzigten Christus geglaubt haben.

Sogar im Himmel wird man sich des Kreuzes erinnern. Als Johannes Einblick in den Himmel gestattet wurde, da sagte er, dass er geweint habe, weil niemand gefunden wurde, der das Buch öffnen konnte – die Besitzurkunde über das Universum. Er fuhr fort:

> *»Und einer von den Ältesten spricht zu mir: Weine nicht! Siehe, es hat überwunden der Löwe aus dem Stamm Juda, die Wurzel Davids, um das Buch und seine sieben Siegel zu öffnen. Und ich sah inmitten des Thrones und der vier lebendigen Wesen und inmitten der Ältesten ein Lamm stehen wie geschlachtet«* (Offb 5,5-6).

Ein Lamm, *wie geschlachtet!*

Martin Luther kämpfte oft mit Zweifeln und mit dem Teufel. Er war sich sehr gut bewusst, wie leicht wir getäuscht werden können. Er wusste es aufgrund einer Geschichte von St. Martin, der historischen Person, nach der er benannt worden war. Es heißt, dass St. Martin eine Vision des Christus hatte.

Als er aber nach dessen Händen schaute, um die Nägelmale zu sehen, verschwand die Erscheinung. So erfuhr er niemals, ob er Jesus begegnet war oder dem Teufel.

Es gibt heute viele »Christusse«, aber es mangelt ihnen an Nägelmalen. Wir haben Lehrer und Gurus, die uns sagen, wie wir ein glücklicheres und erfüllteres Leben führen können. Es wird uns gesagt, wie wir »mit unserem tiefsten Inneren auf Tuchfühlung gehen« können und wie wir geistlich sein können, ohne religiös zu sein. Was Millionen allerdings nicht haben, ist ein Gott mit Wunden; ein Gott, der in unsere Welt kam und um unseretwillen litt, damit wir mit dem Allmächtigen versöhnt werden könnten. Dieser grundlegende Erlösungsakt ist in der Tat so wichtig, dass er den Unwandelbaren wandelte. Der Himmel ist verändert durch »*das Lamm, das geschlachtet worden ist*« (Offb 5,12). Das Blut ist vergangen, aber die Wundmale bleiben – zur Erinnerung an unsere Sünde und zur Erinnerung an seine Gnade.

> *»Ich werd' ihn seh'n, ich werd' ihn seh'n,*
> *erlöst an seiner Seite steh'n;*
> *und erkennen werde ich ihn dann*
> *an den Nägelmalen seiner Hand.«* [5]

Niemand, der am Kreuz vorbeigeht, kann die ewige Gunst Gottes erleben. Das Kreuz ist der Angelpunkt, um den sich die Tür der Geschichte dreht. Es ist die Nabe, die die Speichen der Ziele Gottes in sich vereinigt. Die Propheten des Alten Testaments wiesen darauf hin, und die neutestamentlichen Jünger verkündigten es. Wenn wir uns »an das altrauhe Kreuz klammern«, wozu uns das bekannte Lied ermutigt, dann tun wir das nicht aus bloßer Sentimentalität. Das Kreuz ist das

Herzstück unserer Botschaft und das Herzstück unserer Kraft, die wir brauchen, damit wir gegen die um sich greifende Finsternis kämpfen können.

Worte am Kreuz

Letzte Worte sind immer wichtig. Aber ganz gewiss kann es keine bedeutsameren letzten Worte geben als die letzten Worte Jesu am Kreuz. Hier sehen wir sein Herz, seine Liebe für die Seinen, die er erlöste. In diesen Aussprüchen sehen wir die Menschlichkeit Jesu. Seine Wunden wurden nicht verbunden, damit die unseren verbunden würden; sein Leid wurde groß, damit das unsere weggetan würde. Jesaja beschrieb ihn: »*So entstellt war sein Aussehen, mehr als das irgendeines Mannes, und seine Gestalt mehr als die der Menschenkinder*« (Jes 52,14). Er konnte nicht als die Person erkannt werden, die er war. Er war das Opfer falscher Anschuldigungen und brutaler Gewalt. Seine Widersacher drängten die Römer, sich seiner zu entledigen. Und nun hatten seine Feinde ihre Bestätigung, als sie die Nägel sahen, das Blut rochen und das Stöhnen hörten.

Man stelle ihn sich vor: entkleidet und mit den Handgelenken an eine Säule in Pilatus' Hof gebunden. Dann mit Riemen gegeißelt, in die man Bleikugeln und spitze, scharfe Knochensplitter geknüpft hat. Wenn sie seinen Leib treffen, bilden sich sofort blutige Striemen, die bei wiederholten Schlägen auf die verwundete Stelle aufbrechen. Dann wird ihm die Dornenkrone aufs Haupt gepresst, und blutige Rinnsale fließen durch sein verschwitztes Haar. Er trägt sein Kreuz selbst, aber als er ins Wanken kommt, zwingt man Simon von Kyrene, ihm zu helfen. Auf Golgatha reißt man ihm die Kleider von den eingetrockneten Wunden, und unerträgliche Schmerzen wie die Stiche von Millionen heißer Nadeln erschüttern sein Nervensystem. Dann wird das Kreuz selbst mit ihm aufgerichtet, nachdem die Vollstrecker lange, viereckige Nägel durch seine Hände getrieben haben. Durch die Verwundung der großen Nervenzentren erlebt er »die unerträglichsten Schmerzen, die ein Mensch jemals erleben kann ... jede Bewegung des Körpers ruft diese schrecklichen Qualen erneut wach«.[6]

Auch im Todeskampf war Jesus immer noch ein König. Aber er zieht unsere Blicke auf seine Erhabenheit, die man hier auf den Kopf gestellt hat. Lesen Sie die folgenden Worte von Brooke Foss Wescott sorgfältig:

»Die Souveränität Christi vom Kreuz herab ist eine neue Souveränität. Sie hat für immer die Formel zunichte gemacht, dass der Stärkere Recht hat. Sie hat die Selbstbehauptung des falschen Heldentums zur Schande verurteilt. Sie hat die Vollendung des Opfers mit unvergänglicher Würde umgeben. Sie hat den reinen Herzen deutlich gemacht, dass das Vorrecht der Machtausübung ein weiter ausgreifender Dienst ist. Der göttliche König herrscht für immer durch sein Sterben.«[7]

Hier ist die Antwort für alle, die fragen: »Wo war denn Gott, als ...?« Eine junge Frau erzählte mir, dass sie von ihrem Vater sexuell missbraucht und im Alter von vierzehn Jahren buchstäblich auf die Straße geworfen wurde. Nun, da sie zum Glauben an Christus als ihrem Heiland gekommen ist, fragt sie: »Wo war Gott, als ich einsam und verletzt war? Wo war er, als mein betrunkener Vater uns nachts um drei Uhr weckte und

auf unseren Betten erbarmungslos durchprügelte?« Dann fügte
sie hinzu: »Ich weiß, Gott ist mein Vater. Aber es scheint so,
als sei er nicht da gewesen, als ich ihn am meisten brauchte.«

Gemeinsam sahen wir uns das Herz Jesu an. In den Leiden
am Kreuz finden wir nicht nur Vergebung, sondern auch Heilung für unsere schlimmsten Verletzungen. Gerade so, wie das
Kreuz hinsichtlich unserer Sünde einen Austausch bewirkt –
unsere Sünde wird Christus zugeschrieben und seine Gerechtigkeit uns –, so werden auch unsere emotionalen Lasten auf
seine Schultern übertragen.

> *Jedoch unsere Leiden – er hat sie getragen, und unsere
> Schmerzen – er hat sie auf sich geladen. Wir aber, wir hielten
> ihn für bestraft, von Gott geschlagen und niedergebeugt. Doch
> er war durchbohrt um unserer Vergehen willen, zerschlagen um
> unserer Sünden willen. Die Strafe lag auf ihm zu unserem Frie-
> den, und durch seine Striemen ist uns Heilung geworden«* (Jes
> 53,4-5).

*Unsere Leiden – er hat sie getragen, und unsere Schmerzen – er
hat sie auf sich geladen.*

Das soll nicht heißen, dass wir noch mehr unsere Ge-
mütsruhe pflegen könnten, weil wir freigemacht sind von
der Sünde. Es bedeutet, dass wir durch das sichere Wissen ge-
tröstet sein dürfen, dass die schlimmsten Ungerechtigkeiten
der menschlichen Natur gerichtet sind. Mit dem Kreuz
nahm Gottes Wirken sein größtes Ausmaß an; hier werden
wir am unmittelbarsten mit Christus identifiziert. Wir können natürlich nicht seine Erfahrungen kopieren, aber wir
können uns mit seinen Wunden identifizieren. Wie wir noch
sehen werden, wurde Christus verlassen – das wird uns nicht

geschehen. Er erlebte die Hölle, damit wir den Himmel erleben können.

Starb er auch für unsere leibliche Heilung? Ja, er erlöste alles an uns – Leib, Seele und Geist. Es wäre allerdings ein Fehler anzunehmen, dass wir zu jeder Zeit körperlich gesund werden können und dass wir einen Anspruch darauf hätten, »unsere Heilung zu fordern«. Die Bibel macht deutlich, dass wir in diesem Leben die Vollendung unserer Erlösung nicht sehen werden. Gerade so, wie Jesus den Tod überwand, den wir doch erleiden müssen, bereitete er uns neue Leiber für den Tag unserer Auferstehung. Wer alles auf einmal und sofort haben will, führt Mengen von Menschen in die Irre, die der »Sieh-und-nimm-Philosophie« anheimfallen. In diesem Leben empfangen wir Vergebung der Sünde und den Heiligen Geist als Angeld auf die künftige Herrlichkeit. Aber hier ist noch nicht der Himmel. Körperliche Heilung, obwohl bereits erworben, muss noch warten.

Das Kreuz erinnert uns daran, dass unsere Selbstverurteilung ein Ende haben muss. Wir brauchen nicht mehr alte Rechnungen zu begleichen. Wir dürfen nicht glauben, dass Gott so über uns denkt, wie wir über uns selbst denken. Gottes Vergebung zu empfangen und die Vergebung auf andere auszudehnen, ist unser Vorrecht und unsere Verantwortung. Richard Foster schrieb: »Heute ist das Herz Gottes eine offene Wunde der Liebe. Unsere Zurückhaltung ihm gegenüber und unser Vielbeschäftigsein schmerzen ihn. Er beklagt, dass wir nicht näher zu ihm kommen. Er ist traurig, dass wir ihn nicht beachten. Er weint über unsere Besessenheit von vielem und von vielen. Er sehnt sich nach unserer Gegenwart.«[8] Er wurde für mich gebunden, für mich zerfleischt, für mich verworfen und auch für mich zur Neuheit des Lebens auferweckt.

Dietrich Bonhoeffer hatte Recht, als er sagte, Schuld sei ein Götze, den manche Menschen sich weigern aufzugeben. Wir müssen uns trauen, das zu akzeptieren, was Gott anbietet, und dürfen uns nicht von ihm abwenden. Manche Menschen meinen, sie tun Gott einen Gefallen, wenn sie seine Vergebung zurückweisen. Sie sind zu dem Schluss gekommen, dass er so wütend auf sie ist, dass er sie auf keinen Fall jemals wieder zu sehen wünscht. Solche Menschen beleidigen Gott, denn sie leben so, als wäre der Tod Christi keine hinreichende Sühne für ihre Sünden. Seien Sie versichert: Er ist in der Lage, alle zu retten, die sich für den Glauben entscheiden. Seine Wunden waren Beweise seiner Liebe.

> *»Ich schau dein dorngekröntes Haupt,*
> *aus deinen Wunden quillt dein Blut,*
> *und wer an solche Liebe glaubt,*
> *dem kommt dein Kreuzesschmerz zugut.«*[9]

Mein Computer unterstreicht sofort bei der Texteingabe alle falsch geschriebenen Wörter mit einer roten Zickzacklinie. Manchmal unterstreicht er auch Wörter, die korrekt buchstabiert sind. Die rote Linie erscheint, weil die Wörter nicht den Weg in das Wörterbuchprogramm gefunden haben. Mein Computer kann sich zum Beispiel nie an das Wort *Zerbruch* erinnern. Unglücklicherweise können auch einige von uns dieses Wort nicht in ihrem Wortschatz finden. Wir wissen, was es bedeutet, wenn etwas zerbrochen ist, aber wir haben keine Erfahrung mit dem Zerbruch. Das Wort erinnert uns daran, dass am Kreuz alle Selbsterhöhung endet. Hier werden wir in das Geheimnis des fürsorglichen Willens Gottes für uns eingeführt. Hier sind wir mit all unserer Selbstsucht am Ende und können für alle Zeit die Vorstellung verwerfen, wir seien würdig, durch unsere Anstrengung mit Gott in seinem Erlösungswerk zusammenzuarbeiten.

In Afrika verwüstete einst ein Feuer eine Hütte. Es brannte schnell und tötete mit einer Ausnahme die ganze Familie. Man hatte einen Fremden in das brennende Haus rennen sehen. Der riss einen kleinen Jungen aus den Flammen, trug ihn in Sicherheit und verschwand dann in der Dunkelheit.

Am nächsten Tag kam der Stamm zusammen, um zu entscheiden, was mit dem kleinen Burschen geschehen solle. Vermutlich aus Aberglauben kamen sie zu dem Schluss, es müsse sich hier um ein besonderes Kind handeln, da es das Feuer überlebt habe. Ein weiser Mann bestand darauf, den Knaben zu adoptieren; ein Reicher dachte, er sei besser für diese Aufgabe qualifiziert.

Als sich darauf eine heftige Diskussion ergab, trat ein junger, unbekannter Mann in die Mitte des Kreises und bestand darauf, einen vorrangigen Anspruch auf das Kind zu haben. Dann zeigte er den Anwesenden seine Hände, die er sich in dem Feuer der vorangegangenen Nacht verbrannt hatte. Er war der Retter und bestand deshalb darauf, dass das Kind rechtmäßig ihm gehöre. Genauso erhebt unser zernarbter Heiland seinen Anspruch auf uns.

>*Die andern Götter waren stark; du aber schwach.*
Sie ritten, doch du wanktest hin zu deinem Thron.
Zu unsern Wunden doch nur Gottes Wunde sprach,
und kein Gott hatte Wunden außer dir, dem Sohn.«[10]

Ein Gott mit Wunden! Jesus war am Kreuz nicht stumm. Wenn wir nun unsere Aufmerksamkeit seinen Rufen zuwenden, stehen wir auf heiligem Boden. Seine Rufe offenbaren die tiefsten Sehnsüchte seines Herzens. Hier sehen wir den Schlussakt seines selbstlosen Leidens. Begleiten Sie mich auf eine Reise, die uns am Ende bekennen lässt: »Sieh, wie er uns geliebt hat!«

SEINE BITTE UM VERGEBUNG

**»Vater, vergib ihnen,
denn sie wissen nicht, was sie tun!«**
Lukas 23,34

Wie kann ich ihm vergeben, wenn ich ihm nicht *vertrauen* kann?«

Das sagte eine Ehefrau über ihren Ehemann, der eine Affäre mit einer anderen Frau gehabt hatte, die er auf einer Kreuzfahrt durch die Karibik kennen gelernt hatte. Es war nicht sein erster Ehebruch gewesen, auch nicht der zweite, sondern der dritte. Nun kam er wieder zurück und bat erneut um Vergebung. Weil er bei seinem Bekenntnis ehrlich war, erwartete er ihre Vergebung unmittelbar, unbedingt und vollständig. Schließlich war seine Frau Christin – oder nicht?

Vergebung – das klingt wunderbar, solange man nicht selbst derjenige ist, der sie gewähren soll. Wie kann ich jemandem vergeben, der immer wieder sein Versprechen bricht? Warum sollte ich jemandem vergeben, der mich nicht darum bittet?

Und warum sollte ich derjenige sein, der vergibt, wo mir doch ein Schaden zugefügt wurde? Muss ich jemandem vergeben, der darauf aus ist, mich zu vernichten? Unsere Fragen über Vergebung werden vielleicht nirgendwo klarer beantwortet als am Kreuz. Der erste Ausspruch unseres Heilands am Kreuz war die Bitte um Vergebung für seine Feinde.

»Vater, vergib ihnen, denn sie wissen nicht, was sie tun!« (Lk 23,34).

Während seines irdischen Dienstes vergab Jesus oftmals denen, die seiner Barmherzigkeit bedurften. *»Kind, deine Sünden sind vergeben«*, sagte er zu dem Gelähmten (Mk 2,5). Seine Äußerungen verursachten heftige Auseinandersetzungen, denn seine Hörer wussten, dass nur Gott Sünden vergeben konnte. Auch eine Sünde gegen einen anderen ist letzten Endes eine Sünde gegen Gott. Jesus erklärte, dass er berechtigt war, Sünden zu vergeben, denn er hatte das Zeugnis der Gottheit.

Am Kreuz übte er dieses göttliche Vorrecht nicht aus. Nun bat er den Vater zu tun, was er zuvor selbst getan hatte. Geopfert als das Lamm Gottes, versagte er sich die Rolle der Gottheit. Er war Gott, natürlich, aber er entschied sich, seine göttlichen Rechte ruhen zu lassen. Er identifizierte sich so vollständig mit uns, dass er sich zeitweise aus der Position der Autorität zurückzog. Doch sein Herz war beschwert um jener willen, die das größte Verbrechen der Menschheitsgeschichte angestiftet und begangen hatten. Er betete, dass das Unvergebbare vergeben werde.

In diesem ersten Ausspruch am Kreuz nannte Jesus Gott *»Vater«*. Er wird es wieder tun bei seinen letzten Worten: *»Vater, in deine Hände übergebe ich meinen Geist«* (Lk 23,46). Aber mitten in seinen Qualen am Kreuz wird er ausrufen: *»Mein* **Gott**, *mein* **Gott**, *warum hast du mich verlassen?«* (Mk 15,34).

Das war, wie wir sehen werden, seine dunkelste Stunde – so finster, dass sie sogar in der Natur nachhallte, dass das Licht der Sonne verlosch. In diesem Augenblick erlebte der Sohn die volle Strafe für unsere Sünden, und sogar Gott wandte sich von ihm ab.

Er konnte Gott »Vater« nennen, während er ungerecht behandelt wurde. Als der Pöbel auf den Platz drängte, den man Schädelstätte nannte (Lk 23,33), wurde das Kreuz auf die Erde gelegt, und man befestigte ihn am oberen Ende. Währenddessen begann sein Gebet. Der griechische Text legt nahe, dass er anhaltend die Worte wiederholte: »**Vater, vergib ihnen** …« (Lk 23,34). Er war zwar unrechtmäßig festgenommen worden und erlitt persönliche Beschimpfungen, aber er wusste, dass er auf seines Vaters Segnung und Gegenwart zählen konnte. Ebenso wusste er, dass sein Gebet für seine Feinde erhört werden würde.

All seine Jünger verließen ihn (mit Ausnahme von Johannes, der später an den Schauplatz des Verbrechens zurückkehrte). Die Ungerechtigkeiten seiner Feinde und der Verrat seiner Freunde konnten sein Vertrauen auf die Gegenwart des Vaters nicht erschüttern. Er wusste, dass der Vater ihm diese Ungerechtigkeit hätte ersparen können; als zweite Person der Trinität hätte er tatsächlich vom Kreuz herabsteigen können. Aber eine derartige Rettung war nicht Teil des Plans, dem er in den Äonen der Ewigkeit zugestimmt hatte. So gab er sich damit zufrieden zu sagen »Vater«, obwohl man sich über seine persönlichen Rechte hochmütig hinwegsetzte und ihn mit Beleidigungen überhäufte. Diese Leiden verbargen vor ihm nicht das Antlitz dessen, dem er zu gefallen suchte.

Warren Wiersbe, ein ehemaliger Pastor der Moody-Gemeinde, stellte die Frage: »Wird dein Glaube erschüttert durch die Bosheit der Sünder oder durch die Schwachheit der Heiligen?«[1] Ja, manchmal wird unser Glaube erschüttert. Eine Frau klagte sehr. Ihr Ehemann versuchte, sie zugrunde zu richten, indem er das Verhältnis ihrer vier Kinder zu ihr vergiftete. Sie sagte: »Ich sehe Gott überhaupt nicht ... Er ist hier nirgendwo.« Wir können mit ihr mitfühlen, denn wir alle haben uns schon von Zeit zu Zeit von Gott verlassen gefühlt. Wir sagen uns selbst, dass kein Vater zusehen könnte, wie sein Kind ungerecht leidet. Aber Christi Vater blieb konsequent in der unmittelbaren Nähe hemmungsloser Bosheit. Jesus wusste, dass er sich auf seinen Vater auch dann verlassen konnte, wenn das Böse außer Kontrolle zu geraten schien.

Als der Mensch das Schlimmste vollführt hatte, betete Jesus – nicht um Gerechtigkeit, sondern um Gnade. Er bat darum, dass seine Feinde von den gerechten Folgen ihrer bösen Taten verschont bleiben sollten. Und er betete nicht, nachdem seine Wunden abgeheilt waren, sondern während sie noch blutig klafften. Worte der Vergebung kamen von seinen Lippen, als die Nägel in seinen Leib getrieben wurden, als die Qual am heftigsten war, als die Stoßwellen des Schmerzes unerträglich wurden. Er betete, als das Kreuz mit einem dumpfen Schlag in seinem Befestigungsloch aufgerichtet wurde. Als seine Nerven am verletzlichsten, als die Qual am bohrendsten war, da betete er, das Opfer des größten Verbrechens der Geschichte, für die Verbrecher.[2]

Er konnte vergeben, weil er mit des Vaters Sache betraut war. In Gethsemane betete er: »*Mein Vater, wenn es möglich ist, so gehe dieser Kelch an mir vorüber; doch nicht wie ich will, sondern wie du willst*« (Mt 26,39). Dieser Kelch war kein satanischer Angriff, obgleich Satan zweifellos versuchte, seine eigenen Zutaten diesem Trank beizumischen, der Jesus von seinem Vater gereicht wurde. Es war Jesu Aufgabe, für Gott Menschen »*aus jedem Stamm und jeder Sprache und jedem Volk und jeder Nation*« (Offb 5,9) zu erwerben. Das bedeutete, dass der Sohn grausam gekreuzigt und für die Menschheit zur »Sünde« werden musste. Er musste den Kelch des Leidens austrinken bis zur bitteren Neige. Dieser Kelch sollte jenen die Vergebung bringen, für die er jetzt betete.

Können wir »Vater« sagen, wenn wir gekreuzigt werden? Können wir um Vergebung für die beten, die uns vernichten wollen? Haben wir genug Glauben, um die Gerechtigkeit in die Hände unseres himmlischen Vaters zu legen? »*Rächt euch nicht selbst, Geliebte, sondern gebt Raum dem Zorn; denn es steht geschrieben: Mein ist die Rache; ich will vergelten, spricht der Herr*« (Röm 12,19). Am Kreuz sehen wir, wie sich ein Mann selbst zurücknimmt, der die Macht hatte zu zerstören, der sich aber entschloss zu vergeben.

In diesen Worten steckt die Hoffnung unserer eigenen Rettung. Also lasst uns näher treten und noch aufmerksamer auf das hören, was gesagt wird. Vielleicht werden wir ja in dem Bittgesuch unseren eigenen Namen hören.

Ein Gebet um Vergebung

Umgeben von höhnischem Gespött, geschwächt durch den Blutverlust, bewegten sich seine Lippen. Was versuchte er zu sagen? Stöhnte er vor Pein? Murmelte er Worte des Selbstmitleids? Verfluchte er die, die ihn kreuzigten? Nein, er hatte ein Wort der Vergebung für seine Feinde. »*Vater, vergib ihnen …*« Obwohl er selbst ohne Sünde war, ließ er »*sich zu den Verbrechern zählen*« (Jes 53,12). Gerade jetzt trug er ihre

Sünde und flehte darum, dass sein Opfer für sie wirksam werden möge. Auch das war eine erfüllte Prophetie: »*Er aber hat die Sünde vieler getragen und für die Verbrecher Fürbitte getan*« (Vers 12).

Er betete hörbar, so dass wir wissen dürfen, dass wir in diesem Gebet mit eingeschlossen sind. Schon in der Nacht zuvor, im Garten Gethsemane, gedachte er unser:

»Aber nicht für diese allein bitte ich, sondern auch für die, welche durch ihr Wort an mich glauben, damit sie alle eins seien, wie du, Vater, in mir und ich in dir, dass auch sie in uns eins seien, damit die Welt glaube, dass du mich gesandt hast« (Joh 17,20-21).

Das Gebet, das an diesem Abend begann, wurde am Kreuz fortgesetzt, und sogar heute ist er zur Rechten des Vaters und leistet Fürbitte für uns. Wir können sicher sein, dass er uns niemals vergessen wird.

»Fünf blutende Wunden er empfing,
auf Golgatha geschlagen;
wirksames Gebet davon ausging,
für mich erfleht sein Sagen:
›Vergib ihm, o vergib‹, er wirbt:
›nicht der erlöste Sünder stirbt!‹«[3]

Gehen wir weiter zum nächsten Teil des Gebets. »*Vater, vergib ihnen, denn sie wissen nicht, was sie tun*« (Lk 23,34). Wussten sie nicht, dass sie etwas Falsches taten? Natürlich wussten sie es. Judas wusste, dass er einen Freund verraten hatte; Pilatus wusste, dass er einen Unschuldigen verurteilt hatte; die

Mitglieder des Sanhedrin wussten, dass sie falsche Zeugen bestochen hatten, um dafür zu sorgen, dass ihre Anklage wasserdicht war. All diesen Menschen war die Tatsache ihrer Schuld bewusst, aber sie kannten nicht die *Ungeheuerlichkeit* ihres Verbrechens. Aus welchem Grund auch immer – sie wussten nicht, dass sie den Sohn Gottes kreuzigten.

Der Apostel Paulus stimmt dem zu. Er sagt, dass wir verborgene Weisheit haben, und fügt hinzu: *»Keiner von den Fürsten dieser Welt hat sie erkannt – denn wenn sie sie erkannt hätten, so würden sie wohl den Herrn der Herrlichkeit nicht gekreuzigt haben«* (1Kor 2,8). Wenn sie gewusst hätten, was jetzt offenbar ist, dann hätten sie Jesus als den Messias erkannt, den Herrn der Herrlichkeit. Ihr Verbrechen war um ein Vielfaches größer, als sie sich jemals hätten vorstellen können – wegen des unschätzbaren Wertes der Person, die sie verurteilt hatten. Sie wussten, was sie getan hatten, aber sie wussten nicht *alles*, was sie getan hatten.

Das Alte Testament unterscheidet Sünden aus Versehen oder Unwissenheit von Sünden aus Absicht oder Vermessenheit, das heißt Sündigen mit geballter Faust: *»Aber die Person, die mit erhobener Hand handelt ... die lästert den Herrn; und diese Person soll ausgerottet werden aus der Mitte ihres Volkes«* (4Mo 15,30). Solche Sünde ist besonders böse, denn sie wird bewusst begangen; sie ist vorsätzlich und aufsässig. Im Neuen Testament sprach Jesus von einer unvergebbaren Sünde – das ist die Sünde, die das Volk Israel durch seine beharrliche, bewusste Zurückweisung seines Messias begeht (siehe Mt 12,32). Offenbar gab es im Volk verschiedene Grade der Verantwortung, denn es gab verschiedene Grade der Erkenntnis. Im Falle mancher war die Zurückweisung Christi vorsätzliche Rebellion.

Vergleichen wir das mit der Sünde aus Unwissenheit: »*Wenn jemand Untreue begeht und aus Versehen an den heiligen Dingen des Herrn sündigt, dann soll er dem Herrn sein Schuldopfer bringen: einen Widder ohne Fehler vom Kleinvieh*« (3Mo 5,15). Solche Sünden erfordern ein Opfer, aber sie waren nicht so ernst wie vorsätzliche, trotzig herausfordernde Auflehnung. Auch in alttestamentlicher Zeit bewertete Gott die Verhaltensweise eines Menschen nach der Haltung seines Herzens und der Erkenntnis seines Verstandes.

Man darf aber nicht die Tatsache übersehen, dass auch Sünde aus Unwissenheit der Vergebung bedarf. Jesus sagte nicht: »Sie wissen nicht, was sie tun, lass sie also gehen.« Gott senkt seinen Gerechtigkeitsstandard nicht auf die Ebene unserer Unwissenheit. Aus Unwissenheit begangene Sünden sind immer noch Sünden. Die Schuld derer, die Jesus kreuzigten, war eine reale und objektive Schuld – ungeachtet dessen, wie viel die Täter von ihrem Tun begriffen oder nicht.

Sind Sie jemals »unwissend« über eine rote Ampel gefahren? Einer meiner Freunde stritt darüber mit einem Polizisten. Er versuchte, ihm deutlich zu machen, dass er die Ampel nicht gesehen habe. Sie können sich vorstellen, wer den Disput gewonnen hat. Unwissenheit ist in unserer Gesellschaft keine Entschuldigung – sie ist es auch nicht in der Gegenwart Gottes. Und außerdem – die, die Jesus kreuzigten, *sollten* Bescheid gewusst haben. Und sie *hätten* Bescheid gewusst, wenn sie nur nicht gefürchtet hätten, sich der Wahrheit zu stellen.

Vergleichen wir ihr Wissen mit dem unseren. Sie wussten nicht, dass der Kreuzigung eine Auferstehung folgen würde; sie wussten nicht, dass aus Pfingsten eine Gemeinde erwachsen würde, die die ganze Welt verändern sollte; sie wussten nicht, dass ein Neues Testament geschrieben werden würde, das Gottes Plan mit den Zeitaltern im Detail darlegen würde. Ich werde oft gefragt, ob auch Menschen aus anderen Religionen errettet werden, die niemals von Jesus gehört haben. Normalerweise wird diese Frage von Menschen gestellt, die eine Menge über Christus wissen und sein Zeugnis in jeder Hinsicht untersuchen können. Sie scheinen über jene, die niemals von Jesus gehört haben, besorgter zu sein als über ihr eigenes Verhältnis zu Gott. Aber wenn sich Verantwortlichkeit auf Wissen gründet, dann werden die in unsere Kultur Hineingeborenen ein viel härteres Urteil erhalten als jene, die niemals von Jesus gehört haben.

Gewiss stumpft uns jede Sünde mehr ab. Wir haben keine Vorstellung von der Größe unserer Sünde, weil wir die Größe unseres Gottes nicht begreifen. Aber wir haben heute weniger Entschuldigung als je zuvor; wir haben keinen Grund, uns von dem Erlöser abzuwenden, der uns mächtige Zeugnisse für seine Echtheit hinterlassen hat.

»Denn wenn das durch Engel verkündete Wort fest war und jede Übertretung und jeder Ungehorsam gerechte Vergeltung empfing, wie werden wir entfliehen, wenn wir eine so große Errettung missachten? ... wobei Gott zugleich Zeugnis gab durch Zeichen und Wunder und mancherlei Machttaten und Austeilungen des Heiligen Geistes nach seinem Willen« (Hebr 2,2-4).

Ich kenne einen jungen Mann, der trotzig beschlossen hat, Jesus abzulehnen. Er war in einem guten christlichen Elternhaus aufgewachsen und hatte christliche Schulen besucht. Seine Schuld ist größer als die seines besten Freundes auf dem College, der ohne christliche Eltern aufwuchs, ohne christliche Gemeinde und ohne ethisches Vorbild. Beide sind schuldig. Beide haben jeden Grund, Christus zu suchen, und beide vernachlässigen ihr Heil, aber mit unterschiedlichem Grad der Verantwortung. Solche Menschen, schrieb Arthur Pink, sind »blind gegenüber ihrer Verrücktheit«.[4]

Die Reaktion auf sein Gebet

»Vater, vergib ihnen, denn sie wissen nicht, was sie tun.«
Wurde sein Gebet erhört? Ich bin überzeugt, dass Jesus bekam, um was auch immer er bat. Anders als wir kannte der Sohn jederzeit den Willen des Vaters, und so war der Vater stets erfreut, seinem geliebten Sohn alle Bitten zu erfüllen. Vergebung bekamen alle, für die Jesus betete. Das soll nicht heißen, dass jedem, der mit der Kreuzigung Jesu in Verbindung gebracht werden konnte, vergeben wurde. Viele starben in ihren Sünden, aber die, für die das Gebet gesprochen wurde, erhielten Vergebung.

»Nun stehen wir als Sünder am Fuß seines Kreuzes«, schrieb Bonhoeffer, »und nun ist ein schwer zu begreifendes Rätsel gelöst: Jesus Christus, der Unschuldige, betet, nachdem Gottes Rache an den Gottlosen erfüllt ist … Dem, der die Rache ertrug, nur ihm allein war es gestattet, um Vergebung für die Gottlosen zu bitten.«[5] Hier wird die Rache Gottes abgewandt, damit Vergebung von dem her kommen kann, der betet, dass es so sein möge. Jesus betete praktisch darum, dass sein eigener Tod für die wirksam werden möge, für die er auch beabsichtigt worden war.

Einigen der Soldaten, die am Fuß des Kreuzes standen, wurde vergeben. Der Hauptmann, der vermutlich für den geregelten Ablauf der Kreuzigungsfolter verantwortlich war, war zutiefst beunruhigt durch die Finsternis, das Erdbeben und das Zerreißen des Vorhangs im Tempel. Seinen Standpunkt entgegen der öffentlichen Meinung vertretend, sprach er: »*Wahrhaftig, dieser war Gottes Sohn*« (Mt 27,54). Ich erwarte, ihn im Himmel zu sehen.

Die Juden in Jerusalem, die nach seiner Kreuzigung verlangt hatten – jene, die vor Pilatus stehend riefen: »*Sein Blut komme über uns und über unsere Kinder*« (Mt 27,25) – vielen von ihnen wurde vergeben. Vielleicht möchten wir einwenden, dass sie sich über ihr Handeln nicht im Unklaren waren. Sicherlich meinen wir, das können nicht die Menschen sein, die Jesus im Sinn hatte. Es scheint so, als ob sie *genau* gewusst hätten, was sie taten.

Überraschenderweise glaubte Petrus, dass ihnen das volle Ausmaß ihrer Schuld unbekannt war. Hören wir seiner Predigt zu: »*Den Fürsten des Lebens aber habt ihr getötet, den Gott aus den Toten auferweckt hat ... Jetzt, Brüder, ich weiß, dass ihr* **in Unwissenheit** *gehandelt habt, wie auch eure Obersten*« (Apg 3,15.17). Als Folge seiner Predigt nahmen etwa 2000 Menschen Jesus als ihren Messias an. Wir müssen diese Zahl zu den 3000 hinzufügen, die auf die Predigt am Pfingsttag reagierten, und so kommen wir auf die Zahl von rund 5000 Männern, die gläubig geworden waren (Apg 4,4). Wir lesen auch, dass eine große Zahl der Priester Jesus als Herrn bekannten (Apg 6,7). All das geschah als Reaktion auf das Gebet Jesu!

Schauen wir auf die Barmherzigkeit Gottes! Er hielt diesen Verbrechern den Mord an seinem geliebten Sohn nicht vor! Viele hatten ausgerufen: »*Sein Blut komme über uns und über unsere Kinder*« (Mt 27,25). Sie hatten gemeint, ihre Nachkommen in künftigen Generationen würden die Schuld am

Tod Jesu tragen. Aber dank Gottes souveräner Gnade kam sein Blut stattdessen über ihre eigenen Herzen! Jim Nance beobachtete, dass Gott »ihre Worte umdrehte und das Blut Christi zu dem weitaus herrlicheren Werk ihrer ewigen Errettung verwendete.«[6]

Könnte Gott diesen Menschen vergeben haben – ohne ihre Bitte um Vergebung? Nein. Das Gebet galt nicht jenen, die nicht den Wunsch hatten, dass ihnen vergeben werde, sondern denen, die Vergebung suchten. Es war auch kein allgemeines Gebet um eine Generalamnestie für alle, die an der Kreuzigung beteiligt waren. Es war ein Gebet für jene besonderen Menschen, die Gott retten würde. Wir haben keinen Beweis dafür, dass Jesus jemals für die Welt im Allgemeinen gebetet hätte. Aber er betete für die, die noch nicht zu seiner Familie gehörten, die aber eines Tages dazu gehören würden (Joh 17,9).

Wenn Jesus vom Kreuz herabgestiegen wäre, hätte sein Gebet nicht erhört werden können. Diese Bekehrungen vor 2000 Jahren waren eine Art »Erstlingsfrucht« im Vorgriff auf den Tag, an dem ganz Israel errettet werden wird. Auch die Heidenbekehrungen waren eine »Erstlingsfrucht«, die auf den Tag verweist, an dem wir, die wir aus den Heiden kommen, in seinem Reich willkommen geheißen werden.

Antwort auf unsere Fragen

Dieses Gebet gibt uns letztlich einige Antworten auf unsere Fragen über Vergebung. Gibt es »unvergebbare« Sünden? Die Antwort ist »Nein«. Denn wenn der Mord am Sohn Gottes für die, die Vergebung suchten, »vergebbar« war, dann können alle Sünden vergeben werden. Am 9. Februar 2001 rammte ein amerikanisches U-Boot beim Auftauchen einen japanischen Fischkutter. Neun Menschen ertranken. Es wurden in den Medien Eltern zitiert, die bei dem Unfall einen Sohn verloren hatten. Sie sollen gesagt haben: »Was da geschehen ist, kann nicht vergeben werden.« Wir wissen, was sie damit meinten, weil Menschen einen Verlust manchmal so schwer empfinden, dass Vergebung über ihre Kräfte geht. Wenn ein Babysitter für den Tod des Kindes verantwortlich ist, auf das er aufpassen sollte, sehen sich die Eltern oft außerstande, ihm zu vergeben. Aber was der Mensch nicht vergeben kann, das kann Gott vergeben. Gott kann das Unheilbare heilen.

Einmal schrieb mir ein Mann, der vier Frauen vergewaltigt hatte. Er wollte wissen, ob ihm vergeben werden könnte. Mein erster Gedanke war zu antworten: »Nicht, wenn ich etwas zu sagen hätte!« Aber die richtige Antwort ist »Ja«. Bei Gott kann er auch dann Vergebung erlangen, wenn ihm die Opfer, deren Leben er ruiniert hat, niemals vergeben werden. Er und eine riesige Zahl anderer mit ihm müssen sich mit der Vergebung Gottes zufrieden geben, wenn die Vergebungsbereitschaft des Menschen versagt. Es gibt keine unvergebbare Sünde für die, die zu Christus kommen und um Vergebung bitten. Für jene aber, die ihn zurückweisen, sind alle Sünden unvergebbar.

»Durch dieses Gebet am Kreuz«, schreibt Clarence Cranford, »errichtete Jesus eine Brücke der Vergebung, über die seine Peiniger in Bußfertigkeit zum Vater kommen konnten.«[7] Gott hielt den Mord an seinem edlen Sohn, dem Herrn der Herrlichkeit, denen nicht vor, die den Willen hatten zu glauben. Jesu Gebet wurde erhört, weil das Kreuz als Stellvertretung Gottes steht: Er, der keine Vergebung brauchte, starb für die unter uns, die ohne Vergebung verdammt sind.

Wenn Sie jemals versucht sind zu glauben, Gott nehme Sünde leicht, dann schauen Sie nach Golgatha. Einer meiner Freunde berichtete, er habe sich im Flugzeug mit einer Frau über das Evangelium unterhalten. Sie meinte, sie sei gut genug, um in den Himmel zu kommen. Als er sie fragte, was sie tun würde, wenn ihre guten Werke tatsächlich nicht ausreichen sollten, antwortete sie: »Ich würde Gott sagen, er solle die Sache erleichtern.«

Die Schädelstätte, wie Golgatha genannt wurde, mahnt uns, dass Gott nichts »erleichtern« kann. Seine alles verzehrende Heiligkeit erfordert eine unendliche Bestrafung. Und obwohl Gott uns um Christi willen vergibt, ist das weder seine Aufgabe noch seine Pflicht. Er vergibt uns, deren gerechte Strafe die Hölle ist, aus unverdienter Gnade. Das Kreuz ist die Brücke der erlösenden Liebe. Auf ihm überwinden wir die Kluft zu Gott, der denen, die glauben, gnädig Vergebung gewährt. Wenn wir das nicht begreifen, dann verstehen wir das Evangelium nicht.

Sollten wir für die beten, die uns nicht um Vergebung bitten? Ja. Jesus betete für seine Feinde, ehe sie seine Freunde wurden. Natürlich kennen wir nicht die künftige Reaktion derer, für die wir beten. Wir wissen nicht, ob sie Gottes Vergebung suchen oder unsere Vergebung, wenn sie uns verletzt haben. Aber Jesus lehrte seine Jünger: »*Betet für die, die euch verfolgen*« (Mt 5,44). Das sind Christi Anweisungen für den Fall, dass unsere Feinde mit uns tun, was seine Feinde mit ihm taten. Wir können wie Jesus beten: »*Vergib ihnen, denn sie wissen nicht, was sie tun*«, aber anders als er wissen wir nicht genau, wie unser Gebet beantwortet werden wird.

Sollten wir denen vergeben, die nicht darum bitten? Da Gott denen nicht vergibt, die sich weigern, ihn um Vergebung zu bitten – warum sollten wir es dann tun? Aber die Antwort auf diese Frage lautet anders. Wenn unsere Vergebung nicht erbeten wird, müssen wir sie doch in dem Sinn gewähren, dass wir unsere Verbitterung in Gottes Hände legen und unsere Widersacher ihm überlassen.

Wenn in menschlichen Beziehungen Vergebung erbeten wird, ist die Aussöhnung niemals sicher. *»Wenn dein Bruder sündigt, so weise ihn zurecht, und wenn er es bereut, so vergib ihm. Und wenn er sieben Mal am Tag an dir sündigt und sieben Mal zu dir umkehrt und spricht: Ich bereue es, so sollst du ihm vergeben«* (Lk 17,3-4). Das Ziel der Vergebung ist immer Versöhnung, das heißt die Vereinigung von zwei geteilten Herzen. Aber wenn Vergebung nicht erbeten wird, dann muss sich die verletzte Partei dennoch für Vergebung entscheiden – Vergebung in dem Sinne, dass die erlittene Ungerechtigkeit Gott übergeben wird. Geschieht das nicht, werden Schmerz und Wut die Menschenseele zerrütten und den Heiligen Geist betrüben. Der Täter hat bereits genug Pein verursacht. Der einzige Weg, sich von seinem oder ihrem fortwährenden Einfluss frei zu machen, besteht in der Vergebung durch Auslieferung der Sache in die Hand Gottes.

So weit wir wissen, starb Timothy McVeigh, der Bombenleger von Oklahoma, der 168 Menschen tötete, ohne die Vergebung von Gott und Menschen. Es gab für die Angehörigen seiner Opfer keinen Grund, ihm Vergebung zu gewähren, die er weder suchte noch erbat. Und doch werden die unter den Überlebenden, die durch ihr Vertrauen auf Gott fähig zur Vergebung waren und sich nicht um Vergeltung bemühten, belohnt werden – mit starker seelischer Gesundheit und Standhaftigkeit. Das ist der Geist Jesu.

Wo aber bleibt die Gerechtigkeit? Wie können wir uns entscheiden, einem Menschen zu vergeben, der ein Schicksal verdient hat, das schlimmer ist als der Tod? Wie können wir den Ärger abgeben, der berechtigt nach Ausgleich und Rache ruft? Jesus hilft uns auch hier, »der, geschmäht, nicht wieder schmähte, leidend, nicht drohte, sondern sich dem übergab, der gerecht richtet« (1Petr 2,23). Jesus konnte vergeben, ohne seinen Wunsch nach Gerechtigkeit aufzugeben. Er empfand keine Notwendigkeit, augenblicklich Ausgleich zu erzielen. Er befahl seine Notlage dem Richter des Universums an und konnte das letzte Urteil abwarten.

2000 Jahre sind vergangen, und die, die Jesus misshandelten und seine Vergebung zurückwiesen – jene Verbrecher – sind immer noch nicht vor Gericht gestellt worden. Aber es kommt der Tag, an dem sie vor dem Vater dessen stehen werden, an dem sie sich so grausam vergangen haben. Jesus gab sich damit zufrieden, auf diesen Tag zu warten, denn sein Glaube an die Gerechtigkeit des Vaters wankte nicht. Ja, auch wir können uns dem anvertrauen, der gerecht richtet.

Die Frau, die von ihrem Mann wegen einer anderen verlassen wurde; der Teenager, dem seine Kindheit durch elterlichen Missbrauch gestohlen wurde; der Bruder, der von einem skrupellosen Verwandten um seine Erbschaft betrogen wurde – alle diese und andere mit ihnen müssen ihre Verletzungen Gott überlassen und sich mit dem sicheren Wissen zufrieden geben, dass alle ihre Fälle noch vor dem *wirklichen* Obersten Gerichtshof verhandelt werden.

Sollten wir denen vergeben, die uns um Vergebung bitten, auch wenn wir ihre Aufrichtigkeit bezweifeln oder ihren Motiven nicht trauen können? Die Antwort lautet »Ja«, denn wir können nicht in das menschliche Herz hinein sehen. Jesus erklärte seinen Jüngern, dass sie bereit sein müssen, viele Male zu vergeben – siebzigmal siebenmal –, wenn sie Gottes Vergebung zu begreifen wünschen. Allerdings – und das ist überaus wichtig – muss Vergebung noch einmal von Versöhnung unterschieden werden. Eine Ehefrau kann ihrem ehebrecherischen Mann vergeben, aber das bedeutet nicht, dass sie von nun an blindlings seiner Lebensweise vertrauen muss. Da bedarf es der eingehenden Beratung, einer ausreichend langen Zeit und Verantwortlichkeit. Einmal verlorenes Vertrauen zurückzugewinnen, ist ein langer, oftmals schwieriger Prozess.

Wo Sünde nicht ernst genommen wird, da wird Vergebung zu leicht erlangt. Auch aufrichtige Reue muss täglich erneuert werden – durch täglich erneute Hingabe an Gott und verantwortliches Verhalten. Unser ganzes Leben muss gekennzeichnet sein von Buße. Kein einziger Akt der Reue garantiert ein künftiges Leben im Gehorsam.

In dem ersten Ausspruch am Kreuz hallt das Wort nach, ohne das wir nicht errettet werden können: *Vergebung*. Damals wie heute ist sie frei erhältlich für alle, die sie demütig annehmen. Der Tod Jesu machte die Erhörung dieses Gebets zur Realität.

SEIN ZUSPRUCH DER ZUVERSICHT

»Heute wirst du mit mir im Paradies sein.«
Lukas 23,43

Uns allen fällt es schwer, mit Sterbenden zu reden, und als besonders schwierig empfinden wir es, mit ihnen über ihren bevorstehenden Tod zu sprechen. Krankenschwestern berichten, dass Freunde und Verwandte diesbezüglich in ein unnatürliches Schweigen verfallen und das einzige Thema angestrengt zu vermeiden suchen, über das ihr sterbender Freund reden wollen könnte. Als ein Mann, der einmal mein Arzt gewesen war, krebskrank auf dem Sterbebett lag, wusste ich, dass jetzt nicht die Zeit für Banalitäten war. Ich beugte mich über sein Bett und flüsterte ihm beinah direkt ins Ohr: »Dr. ..., Sie müssen Christus als Ihren Heiland annehmen.« Er erwiderte: »Ich weiß, dass ich das tun muss, aber ich weiß nicht wie.«

Ich weiß, dass ich es muss, aber ich weiß nicht wie! An diesem Nachmittag schenkte mir Gott das Privileg, ihm zu zeigen,

»wie«, und in den wenigen Wochen, die ihm noch blieben, war er nicht nur des Himmels sicher, sondern verlangte danach, dass ihm aus der Bibel vorgelesen werde. Wie viel besser wäre es gewesen, wenn er früh in seinem Leben zum Glauben an Christus gekommen wäre, aber Gott sei Dank gilt seine Gnade auch denen, die vom Tode unmittelbar bedroht sind. Oh ja – besser spät als nie.

Wenn wir der Hauptmann gewesen wären, der die Kreuzigung überwachte, dann hätten wir die beiden Diebe beieinander und Jesus abseits davon platziert. Dieser römische Soldat verschwendete vermutlich keinen Gedanken daran, warum er die Kreuze so anordnete, wie er es tat. Aber er erfüllte damit die uralte Prophezeiung, dass er »*sich zu den Verbrechern zählen ließ*« (Jes 53,12). Gott hatte bestimmt, dass er, der Heiligste, zusammen mit den *Un*heiligsten sterben sollte. Jesus starb nicht nur unter Verbrechern, sondern er wurde als einer von ihnen gerechnet – das ist das Herzstück des Evangeliums.

Gott hatte Gründe für die Anordnung, dass Jesus verworfen zwischen zwei Raubmördern hängen sollte. Er wollte die Tiefen der Schande zeigen, in die sein Sohn hinabzusteigen bereit war. Bei seiner Geburt war er von Tieren umgeben, und nun, in seinem Tod, von Verbrechern. Niemand soll sagen, dass sich Gott von der Zerrissenheit unserer gefallenen Welt distanziert. Er stieg hinab, damit wir mit ihm zur Neuheit des Lebens aufsteigen mögen. Aber ich greife der Geschichte vor.

Wenden wir unsere Aufmerksamkeit den beiden Männern zu, die zu beiden Seiten Jesu gekreuzigt wurden. Besonders einer der beiden verdient unsere Aufmerksamkeit, denn er erhielt ein Versprechen, an dem wir Anteil haben müssen, wenn wir mit unserem Herrn im Paradies sein wollen. Hier ist Zuversicht für die Sterbenden auf den Krebsstationen unserer Krankenhäuser; hier ist auch Hoffnung für die Starken und Gesunden, die sich eines Tages unvermittelt dem Tod gegenübersehen. Hier ist Hoffnung für die Schlimmsten der Sünder und für die Besten der Sünder.

Was für ein Tag für diesen Schurken! Am Morgen wurde er gerechterweise an das Kreuz geschlagen; später, am Abend dieses Tages, wurde er ebenso gerecht im Paradies von Jesus willkommen geheißen!

Sehen wir uns die Geschichte einmal näher an.

Seine Wesensart

Das Strafregister dieses Mannes zeigt, dass er ein Berufsverbrecher war, »durch und durch« ein Schurke, der sich anfänglich an der Verhöhnung Jesu durch seine Feinde beteiligte: *»Auf dieselbe Weise schmähten ihn auch die Räuber, die mit ihm gekreuzigt waren«* (Mt 27,44). Seine Haltung war nicht anders als die seines Komplizen, der auf der anderen Seite Jesu hing. Wir wissen nicht, wer von den beiden der größere Sünder war, aber beide hätten sie auf den Steckbriefen der meistgesuchten Verbrecher Jerusalems abgebildet sein können.

So schlecht er auch war, er steht für uns alle. Wir mögen einwenden, dass wir keine Diebe seien, keine Bankräuber und keine Kriminellen, die kleinen, alten Damen auf der Straße die Handtasche entreißen. Aber um der Wahrheit die Ehre zu geben, müssen wir zugeben, dass wir alle Gott beraubt haben. Stellen Sie sich vor, Sie wären von einem New Yorker Unternehmen beauftragt, seine Interessen in Chicago zu vertreten.

Monat für Monat erhalten Sie Ihren Gehaltsscheck, den Sie auch fröhlich einreichen und sich auszahlen lassen. Tatsache ist aber, dass Sie überhaupt nie etwas für dieses Unternehmen getan haben, sondern für eine andere Firma arbeiten. Wäre das nicht Diebstahl?[1]

Das ist eine exakte Beschreibung unserer selbst. Gott gibt uns Leben, er gibt uns Begabungen, er gibt uns die Fähigkeit, Geld zu verdienen, er gibt uns Freunde – und doch dienen wir mehr uns selbst als ihm. Anstatt Gott zu verherrlichen, leben wir für uns selbst und dienen unbeabsichtigt Satans eigennützigen Interessen. Wenn wir aufhören, uns miteinander zu vergleichen, und anfangen, unser Leben vor das Antlitz Gottes zu bringen, dann werden wir erkennen, dass wir nicht viel besser sind als der Schächer, der Jesus zusammen mit seinem Freund verhöhnte.

Die Lage dieses Menschen war aussichtslos. Es war zu spät für einen Neuanfang, zu spät für jede Hoffnung, dass seine guten Taten die schlechten überwiegen könnten. Arthur Pink sagt es so: »Er konnte nicht auf den Pfaden der Gerechtigkeit wandeln, denn durch jeden seiner beiden Füße bohrte sich ein Nagel. Er konnte kein einziges gutes Werk vollbringen, denn ein Nagel durchdrang jede seiner beiden Hände. Er konnte kein neues Blatt aufschlagen und ein besseres Leben beginnen, da er dem Tod geweiht war.«[2] Aber Hilflosigkeit ist kein Fluch, wenn sie uns zu dem hinführt, der uns helfen kann. Es ist tatsächlich sogar so: Wenn wir nicht hilflos sind, können wir nicht errettet werden.

Dieser Mann dort am Kreuz erfuhr eine Veränderung des Herzens.

Sein bemerkenswerter Glaube

Es ist sehr gut möglich, dass dieser Schächer Jesus niemals zuvor gesehen hatte. Als die drei Männer an ihre Kreuze genagelt wurden, meinte er, Jesus sei nur irgendein anderer Krimineller. Als die Kreuze aufgerichtet und in ihren Bodenlöchern befestigt wurden, da hatte er keinen Grund zu glauben, er befinde sich in der Gegenwart eines Erhabenen. Golgatha war der Ort, wo Verbrecher starben. Es war kein Ort, wo man erwarten würde, einen göttlichen Menschen anzutreffen.

Was änderte seine Meinung? Wir können mutmaßen, dass er Jesus zuerst beten hörte: *»Vater, vergib ihnen, denn sie wissen nicht, was sie tun«* (Lk 23,34). Er konnte diese Worte nicht vergessen, denn nur ein Mensch, der Gott kannte, konnte den Vater um Vergebung für andere bitten. Das Gebet durchbohrte sein Gewissen, und er erkannte die Torheit und die Blindheit seines eigenen Herzens. Er wusste, auch er brauchte Vergebung.

Dann gab es da noch das gänzlich unbeabsichtigte Zeugnis der Volksmenge: *»Andere hat er gerettet, sich selbst kann er nicht retten«* (Mt 27,42). Diese Worte wurden zwar herausfordernd und höhnisch ausgestoßen, aber der Schächer fragte sich wohl doch: *Was könnten sie damit gemeint haben:* »Andere hat er gerettet«? Als der Pöbel Worte und Wunder Jesu zur Sprache brachte, dachte er über ihre Spötterei nach und wurde sich langsam bewusst, dass er sich in der Gegenwart eines Heilands befinden könnte.

Außerdem hatte Pilatus etwas aufgeschrieben, was jemand einmal ein »evangelistisches Traktat« genannt hat, und es oben an das Kreuz Jesu nageln lassen. Es war üblich, das Verbrechen des Gekreuzigten auf einer Schrifttafel kundzutun, die oben am

Kreuz angebracht wurde, damit die Vorübergehenden den Grund für die Hinrichtung erfuhren. Und Pilatus hatte geschrieben: *»Dieser ist der König der Juden«* (Lk 23,38). Einige erhoben Einspruch: *»Schreibe nicht: Der König der Juden, sondern, dass jener gesagt hat: Ich bin König der Juden«* (Joh 19,21). Aber Pilatus wollte in einem seltenen Anflug von Mut seine Meinung nicht ändern. Deshalb hing es nun da.

Als man Jesus durch die Straßen Jerusalems getrieben hatte, da hatte ihn diese Tafel begleitet. Nun am Kreuz könnte der Schächer die Worte gelesen haben. Oder, wahrscheinlicher, andere lasen die Worte zum Spott laut vor. Auf jeden Fall glaubte er nun, dass Jesus ein König war, denn er bat: *»Jesus, gedenke meiner, wenn du in **dein Reich** kommst«* (Lk 23,42). Unglaublich – Gott ließ im Herzen dieses Mannes Glauben entstehen.

Bedenken Sie! Dieser Mann glaubte zu einem Zeitpunkt, als Jesus scheinbar vollkommen hilflos war und völlig außerstande, irgendjemanden zu retten – in Wirklichkeit schien er selbst dringend Rettung zu benötigen! Jesus hing dort als unglückliches Opfer, nicht wie ein König. Wenn man Rettung braucht, wendet man sich nicht an jemanden, der in derselben unglücklichen Lage ist wie man selbst. Wenn man Rettung braucht, wendet man sich nicht an jemanden, der in Ungnade stirbt. Der gesunde Menschenverstand sagt uns, dass ein Heiland sich über das Schicksal der Sterblichen erheben muss.

Welcher Erlöser würde eine Krone aus blutgetränkten Dornen tragen? Welcher Erlöser würde sich seinen Bart mit den Wurzeln ausreißen lassen? Der Leib Jesu war zusammengesunken; die Nägel hatten seine Hände und Füße zerfetzt. Sein Kinn sank immer wieder auf seine Brust herab, außer wenn er genug Kraft gesammelt hatte, um den Kopf zum Atmen zu heben. Was für ein bemitleidenswerter Anblick! Und trotz allledem glaubte der Schächer!

Ein Messias, der von seinen Feinden umgebracht werden konnte, das war nicht das, was die Juden erwartet hatten. Messianische Spekulationen sahen so aus, dass er die Römer, die das Land besetzt hatten, in die Flucht schlagen und ein eigenes Reich aufrichten werde. Als Jesus seinen Jüngern erklärte, dass er gekreuzigt werden müsse, waren sie wie vor den Kopf gestoßen. Und an diesem Tag zweifelten sogar die, die an ihn glaubten. Gerade so, wie das Blut vom Leib Christi herabfloss, so sickerte auch der Glaube aus dem Herzen seiner Anhänger. Und doch – der Schächer glaubte!

Dieser Schächer glaubte, ehe die Finsternis das Land bedeckte. Er glaubte, ehe sich das Erdbeben ereignete und ehe der Vorhang im Tempel von oben nach unten zerriss. Er glaubte ohne den Beweis der Auferstehung und ohne die Himmelfahrt. Er glaubte, ohne gesehen zu haben, wie Jesus über das Wasser ging, wie er die Volksmengen speiste oder wie er Wasser in Wein verwandelte. So unverständlich es ist, er glaubte!

Arthur Pink veranlasste das zu der Frage: »Wie ist die Tatsache zu erklären, dass dieser sterbende Schächer einen leidenden, blutenden, gekreuzigten Mann als seinen Gott annahm?«[3] Die Antwort auf diese Frage werden wir aber nicht finden, wenn wir eine Psychoanalyse bei ihm vornehmen. Die Antwort liegt in der unverdienten Gnade Gottes. Der Heilige Geist wandte das Herz dieses Banditen dem Mann am Kreuz in der Mitte zu. Und er glaubte.

Die Glaubensreise des Ganoven begann, als er seinen Komplizen zurechtwies: »*Auch du fürchtest Gott nicht, da du in demselben Gericht bist? Und wir zwar mit Recht*« (Lk 23,40).

Sein erwecktes Gewissen sagte ihm, dass er gottesfürchtig hätte leben sollen, weil das Gericht bevorstand. Er gab ehrlicherweise zu, dass er zu Recht litt; das heißt, er hatte bekommen, was er verdiente. Er rechtfertigte sich nicht selbst und brachte auch keine Ausreden vor. Er konnte nur hoffen, dass sein Komplize auf der anderen Seite seine eigenen Sünden ebenfalls bekennen würde.

Vor Atemnot mit jedem Wort kämpfend, wandte er sich zu Jesus und sagte: »*Gedenke meiner, wenn du in dein Reich kommst*« (Lk 23,42). Er bat nicht darum, ausgezeichnet zu werden, wenn Christus in sein Reich kam; er bat lediglich darum, dass er seiner gedenken möge. Er war ein Ausgestoßener der Gesellschaft; jemand, den Familie und Freunde am liebsten einfach vergessen würden. Seine Bitte war bescheiden: »*Gedenke* meiner« – aber was für eine Ehre, wenn Gott jemandes gedenkt!

Sein Glaube war sehr mutig. Die Menge verspottete Jesus. Die Scharfmacher stimmten Beleidigungen an: »Wenn du ein König bist, wo ist dein Reich?« Und: »Wenn du ein König bist, steig herab vom Kreuz!«[4] Dieser Schächer trotzte der öffentlichen Meinung. Er wandte sich von dem anwachsenden Chor der Stimmen ab, der ihn in die Irre geführt hätte. Einer meiner Freunde sagte einmal, er würde Christus nur als seinen Erlöser annehmen, wenn er von Familie und Freunden wegziehen würde. Er meinte, ihre Zurückweisung und ihr Spott wären nicht zu ertragen; er könnte nur im Geheimen glauben. Kein Wunder, dass man sagt, die Hölle sei voller »Furchtsamer und Ungläubiger«. Dieser Schächer sorgte sich nicht um die Meinung anderer. Er glaubte.

Seine wunderbare Zukunft

Die Reaktion Jesu überstieg alle Erwartungen des reumütigen Schächers: »*Wahrlich, ich sage dir: Heute wirst du mit mir im Paradies sein*« (Lk 23,43).

Die Zusammenkunft würde *an diesem Tag* stattfinden. Der Ausdruck »*du wirst **mit mir** … sein*« beschreibt die persönliche Gemeinschaft, deren sie sich miteinander erfreuen würden. Die größte Segnung für den Christen ist, dass Gott uns »*in die Gemeinschaft seines Sohnes*« berufen hat (1Kor 1,9). In der vorangegangenen Nacht gab Jesus seinen engsten Freunden ein ähnliches Versprechen: »*Und wenn ich hingehe und euch eine Stätte bereite, so komme ich wieder und werde euch zu mir nehmen, damit auch ihr seid, wo ich bin*« (Joh 14,3). Unglaublich – dieser Schächer erhielt dasselbe Versprechen wie die Jünger! Er war so sicher in den Armen Jesu, als hätte er von Jugend auf dem Herrn gedient.

Ob Jesus in den Hades hinabstieg oder nicht, wie es das Apostolische Glaubensbekenntnis lehrt, ist unter Theologen strittig. Wenn er es tat, dann war er nur für kurze Zeit dort, denn er versprach dem Schächer am Kreuz neben sich, dass sie noch an diesem Tag gemeinsam im Paradies sein würden. Manche Leute glauben an einen »Seelenschlaf«; die Vorstellung, dass die Seele unbewusst schläft bis zum Tag der Auferstehung. Aber diese Lehre ist nicht biblisch begründet. Sie findet sich vielmehr in den Schriften einer so genannten Prophetin, die sich mit vielen ihrer Aussagen unglaubwürdig gemacht hat. Hier ist nicht der Ort für phantastische Theorien oder Wortspiele. Jesus sagte: »***Heute** wirst du mit mir im Paradies sein.*«

Offenbar starb Jesus vor dem Schächer, und er war zur Stelle, um ihn in der ewigen Wohnstätte zu begrüßen. Spurgeon schrieb, dass dieser »Mann der letzte Begleiter des Herrn auf der Erde war« und auch sein »erster Begleiter an den Toren des Paradieses«.[5] Dieser war bei ihm in der Verdammung, und Stunden später war er bei ihm im Heil. Wenn der sterbende Christus diesem Schächer das Versprechen ewigen Heils geben konnte, was kann dann der lebende Christus alles tun!

Auf die Gefahr hin, dass ich hier deutlicher werde, als ich es müsste, möchte ich auf die folgenden Fakten bezüglich des Heils dieses Schächers hinweisen:

- Er legte auf dem Weg ins Paradies keinen Zwischenstopp im Fegefeuer ein.
- Er war nicht getauft.
- Er empfing keine Sterbesakramente und keine Heilige Kommunion.
- Er bat nicht Maria, die am Fuß des Kreuzes stand, um Vermittlung bei Jesus.

Um seinem Versprechen mehr Nachdruck zu verleihen, leitete Jesus es mit dem Wort »wahrlich« ein. Das war ein unterschriebener Scheck auf der Bank des Himmels, und er war so glaubwürdig wie der Mann, der ihn ausstellte. In scheinbarer Hilflosigkeit am Kreuz hängend, kontrollierte Jesus immer noch das Tor zum Paradies. Er hatte nach wie vor die Macht, dem reuigen Schächer ein Versprechen zu geben und den Schuldigen zu verurteilen. Jesus handelte niemals wirklicher wie ein König als in diesem Augenblick.

Sein Glaube wird auf die Probe gestellt

Versetzen wir uns einmal in die Lage des sterbenden Schächers. Er hört das Versprechen von den Lippen Jesu, aber später, pünktlich zur Mittagsstunde, fällt eine Finsternis über das ganze Land. Er hört seinen soeben neu gefundenen Erlöser rufen: »*Mein Gott, mein Gott, warum hast du mich verlassen?*« (Mt 27,46). Dem folgt ein Erdbeben, und Felsen zerspringen. In diesem Augenblick »*zerriss der Vorhang des Tempels in zwei Stücke, von oben bis unten; und die Erde erbebte, und die Felsen zerrissen*« (Vers 51).

Wie er die Finsternis sieht und die Erde neben sich beben spürt, wie er den Aufschrei der Qual aus dem Mund dessen hört, an den er zum Glauben gekommen ist, da spülen Wellen des Zweifels seinen Glauben fort. Möglicherweise kann dieser Heiland ja überhaupt nicht retten! Wie kann er Sünder in die Gegenwart Gottes bringen, der ihn doch soeben verlassen hat? Wie kann er mit Vollmacht über den Himmel sprechen, wenn er scheinbar nicht einmal das Durcheinander auf der Erde in den Griff bekommt?

Zweifel oder nicht, das Versprechen Jesu war gültig. Selbst, wenn der Glaube des Schächers in diesen letzten drei schrecklichen Stunden zu verschwinden drohte – seine Bestimmung war gesichert. Jesus hatte gesprochen, und nur das spielte eine Rolle. »*Wer an den Sohn glaubt, hat ewiges Leben; wer aber dem Sohn nicht gehorcht, wird das Leben nicht sehen, sondern der Zorn Gottes bleibt auf ihm*« (Joh 3,36).

Ich habe Christen gekannt, die an der Alzheimerschen Krankheit litten und sich nicht mehr erinnern konnten, dass sie Christus als ihrem Erlöser geglaubt hatten. Andere sind im Vollbesitz ihrer geistigen Kräfte durch tiefe seelische Qualen gegangen, während sie ihrem nahen Tod entgegensahen. Ein

Missionar, der jahrelang das Evangelium unter vielen Menschen verbreitet hatte, starb einen qualvollen Tod an Krebs. Seine falsche Hoffnung auf Genesung und zerstobene Träume spülten seinen Glauben hinweg. Er starb im Glauben, Gott habe ihn verlassen. Seine letzten Worte waren: »Ich fühle mich in einer Falle gefangen.«

William Cowper, ein Dichter, der Gott liebte und sich schon früh zu Christus bekehrte, war gemütskrank, und während seiner depressiven Phasen glaubte er, verflucht zu sein. Eines Abends schrieb er:

> *»Gott geht geheimnisvolle Wege*
> *seine Wunder zu vollbringen.«*[6]

Ja, in dieser Nacht unternahm Cowper einen Selbstmordversuch. Als dieser fehlschlug, glaubte er, er sei »verdammt wie Judas«. Aber die, die ihn kannten, bezeugten seine große Liebe zu Gott und zum Evangelium. Er hatte leidenschaftlich an Christus geglaubt, und am Ende der Tage ist das alles, was zählt. Sein aufgewühlter geistiger Zustand konnte das Versprechen Jesu nicht null und nichtig machen, und es ist sein Versprechen, das zählt.

Lasst den Schächer schwach werden; lasst ihn Befürchtungen haben; lasst ihn meinen, dass der, in den er seinen Glauben gesetzt hatte, nicht in der Lage war, sein Versprechen zu halten – es tut alles nichts zur Sache. Gott hat gesprochen. An diesem Tag wird er mit Jesus im Paradies sein. Und als er das letzte Gebet Jesu hört: »*Vater, in deine Hände befehle ich meinen Geist*« (Lk 23,46), da lebt sein Glaube ohne jeden Zweifel wieder auf. Jetzt wird das Leiden erträglich, denn dieser elende Tag wird nun bald zu Ende gehen.

Diese bemerkenswerte Begebenheit beinhaltet einige Lehren für uns.

Lebensverändernde Lektionen

Beachten wir, dass beide Räuber beteten, dass aber nur einer errettet wurde. Der andere Räuber sagte: »*Bist du der Christus, so helfe dir selbst und uns*« (Lk 23,39; Luther '12). Der leidende Mensch denkt: *Wenn Jesus ein König ist, warum übt er dann sein Königtum nicht aus und rettet an diesem Tag alle drei Gekreuzigten?* Dieser andere Räuber hoffte, sein Erdenleben für ein paar weitere Tage oder Jahre zu erhalten. Was wäre, wenn Jesus dieses Gebet erhört und sich selbst und die beiden anderen gerettet hätte? Er hätte den Plan Gottes zunichte gemacht und wäre nicht mehr in der Lage gewesen, noch irgendjemanden sonst zu retten. Das Problem dieses Räubers war, dass er sich nur um sein diesseitiges Leben sorgte, nicht um das nächste. »Es gab keine Reue über seine Sünden, nur die Angst, deren Folgen tragen zu müssen.«[7] Aber Jesus starb, und der erlöste Schächer konnte ins Paradies, und Sie und ich können ihn in der Zukunft dort treffen.

Jesus wurde zu den Übertretern gerechnet, damit Sie und ich zu den Erlösten gezählt werden können. Obwohl er selbst ohne Sünde blieb, wurde er von Gott und Mensch als Übertreter gerechnet. Er bekam, was er nicht verdient hatte, nämlich unsere Sünde, und wir bekamen, was wir nicht verdienten, nämlich seine Gerechtigkeit. »*Den, der Sünde nicht kannte, hat er [Gott] für uns zur Sünde gemacht, damit wir Gottes Gerechtigkeit würden in ihm*« (2Kor 5,12).

Beide Räuber hatten die gleiche Chance. Beide hörten die

Worte Jesu: »*Vater, vergib ihnen.*« Beide wussten, dass Jesus für seinen Anspruch, König der Juden zu sein, verspottet wurde. Beide hörten das Zeugnis der Feinde Jesu: »*Andere hat er gerettet. Er rette sich selbst, wenn dieser der Christus ist, der Auserwählte Gottes*« (Lk 23,35). Und doch werden diese beiden Räuber auf ewig voneinander getrennt sein; jeder von ihnen wird die Ewigkeit in seiner eigenen Bestimmung verbringen. Auch jetzt, da Sie diese Worte lesen, ist der eine der beiden in der Gegenwart Jesu und der andere an einem Ort der Einsamkeit, der Trübsal und des Schreckens. Was sie trennte, war nicht der Grad ihrer Bosheit, noch ihre Entfernung von Christus. Sie wurden getrennt, weil der eine Christus um Hilfe anrief, während der andere ihn verhöhnte.

Diese beiden Räuber stehen für die ganze menschliche Rasse. Letzten Endes ist die Welt nicht geographisch geteilt, auch nicht aufgrund von Rassen oder von wirtschaftlichen Verhältnissen. Wir können auch keine Grenzlinie ziehen, die die relativ guten von den verhältnismäßig schlechten Menschen trennt. Alle Rassen, Nationen und Kulturen sind in sich geteilt durch das Kreuz. Auf der einen Seite stehen jene, die glauben, und auf der anderen die, die sich entschlossen haben, sich selbst zu rechtfertigen. Die, die sich entschlossen haben, auf eigene Verantwortung vor Gott zu stehen. Himmel und Hölle sind keine Orte, die weit weg sind, sie sind uns vielmehr beide nahe. Alles hängt davon ab, wie wir uns zu Jesus stellen.

Schließlich, lieber Leser, ist heute der Tag, an Christus zu glauben. Manche Menschen sehen diesen Schächer als Beispiel für eine »Totenbett-Bekehrung«, und ich habe auch schon Menschen getroffen, die glauben, dass auch sie eines Tages zum Glauben kommen werden, kurz bevor sie sterben.

Aber wenige – sehr wenige – werden in den letzten Tagen oder Stunden ihres Erdenlebens errettet. Ein Puritaner sagte vorausschauend, als er die Totenbett-Bekehrung des Schächers kommentierte: »Es ist ein solcher Fall berichtet, damit niemand verzweifeln muss, aber auch nur der eine, damit sich niemand darauf verlässt.«

Warren Wiersbe hebt hervor, dass dieser Mann nicht bei seiner letzten, sondern bei seiner *ersten* Gelegenheit errettet wurde. Er war nicht dabei, als Jesus Wasser in Wein verwandelte; er war nicht dabei, als Jesus den Sturm stillte oder als er die Tausenden speiste. Er hörte nicht die Bergpredigt und auch nicht die Worte, die Jesus an den Gelähmten richtete: »*Deine Sünden sind vergeben.*« Es war seine erste Möglichkeit, an Christus zu glauben.

Es gibt zwei unwiderlegbare Gründe, warum wir nicht zögern sollten, Christus als unseren persönlichen Erretter anzunehmen. Zum einen kennen wir unsere Todesstunde nicht. Nicht jeder erhält eine Warnung, nicht jeder stirbt an einer tödlichen Krankheit oder behält sein Bewusstsein nach einem Autounfall. Millionen sterben unerwartet, ohne dass ihnen auch nur eine Minute bliebe, um über ihre Beziehung zu Gott nachzudenken. Zum anderen verschmähen die meisten Menschen, die sich in der Zeit ihrer Gesundheit gegen die Gute Botschaft sträuben, das Evangelium auch dann, wenn es für sie ans Sterben geht. Je älter wir werden, desto stärker wird sich unser Herz entweder an Christus anlehnen, oder desto stärker wird es von ihm fortgezogen. Es gibt keine Neutralität.

Der unbußfertige Räuber beweist es – er hängt dort am Kreuz in unvorstellbarer Todesangst. Er ist sicher, dass er sterben wird. Sein Freund hat ihm dazu verholfen, dass er sich seiner großen Sünden bewusst geworden ist. Und doch, es ist unglaublich, verspottet er Jesus mit seinem letzten Atem! Wie die meisten Menschen starb er so, wie er gelebt hatte. Da wundert es nicht, dass der Schreiber des Hebräerbriefes fragt: *»Wie werden wir entfliehen, wenn wir eine so große Errettung missachten?«* (Hebr 2,3). Diese Frage kann nur auf eine Weise beantwortet werden: Es gibt kein Entkommen.

Im Gegensatz dazu vermittelt uns der reumütige Schächer die Hoffnung, die wir alle suchen. Obwohl seiner Sünden viele waren, ist er ein Zeuge für die unverdiente Gnade Gottes. Er ist der Beweis dafür, dass ein Glaubensakt selbst den schlimmsten aller Sünder erretten kann. In Wirklichkeit geht es nicht um die Größe unserer Sünde, sondern um unsere Bereitschaft zu glauben. Sie legt unsere Bestimmung fest.

William Cowper verstand, obwohl er von Zweifeln geplagt wurde, diese Tatsache: Wenn der Schurke gerettet werden konnte, dann ist es für uns alle möglich. Er schrieb ein Lied mit dem Titel: »Es ist ein Born ...« Eine meiner Lieblingsstrophen lautet:

> *»Der Schächer fand den Wunderquell,*
> *den Jesu Gnad' ihm wies,*
> *und dadurch ging er, rein und hell,*
> *mit ihm ins Paradies.«*[8]

Die Vergebung des Schächers erinnert uns daran, dass es im Herzen Gottes mehr Gnade gibt als Sünde in unserer Vergangenheit. Wir können wie er im Jenseits willkommen geheißen werden, wenn wir unser Vertrauen auf den setzen, der den Schlüssel zum Paradies besitzt.

3

SEIN AUSSPRUCH DER BARMHERZIGKEIT

»Frau, siehe, dein Sohn! ... Siehe, deine Mutter!«
Johannes 19,26-27

Sie können ganz sicher sein, mein Freund: Wenn ein Mensch weiß, er soll innerhalb der nächsten zwei Wochen gehenkt werden«, schrieb Samuel Johnson, »dann schärft das seinen Verstand auf ganz wunderbare Weise.«[1] Wenn es jemals einen Augenblick im Leben eines Menschen gibt, von dem wir annehmen dürfen, dass er da nur an sich selbst denkt, dann ist es seine Todesstunde. Das Bewusstsein, vor dem Tor zur Ewigkeit zu stehen, entleert den Geist und gibt den beklemmendsten Gedanken Raum. Und wenn der drohende Tod dann noch besonders schmerzhaft ist, dann können wir erwarten, dass sich der Leidende ausschließlich auf seine eigenen unmittelbaren Bedürfnisse konzentriert.

Der am Kreuz hängende Jesus dachte an andere.

Ehe sich Gott aus seiner Gegenwart zurückzog und Finsternis über das Land kam, sorgte Jesus sich um seine Mutter.

65

William Barclay schreibt: »Es liegt etwas außerordentlich Bewegendes in der Tatsache, dass Jesus in seinem Todeskampf am Kreuz – in dem Augenblick, in dem das Heil der Welt auf des Messers Schneide stand – an die Verlassenheit seiner Mutter während der Tage dachte, in denen er fort sein würde.«[2] Bis ans Ende blieb er ein gewissenhafter erstgeborener Sohn.

Wir können annehmen, dass Joseph, der offizielle Vater Jesu, schon lange gestorben war. Er wird zum letzten Mal erwähnt, als Jesus im Alter von zwölf Jahren in Jerusalem zurückgeblieben war. Seine Eltern kehrten um und fanden ihn im Tempel, wo er mit den Gesetzeslehrern theologische Lehrfragen diskutierte (Lk 2,46). Mit diesem Bericht verlässt Joseph die Szene, aber Maria wird noch viele Male im Zusammenhang mit dem öffentlichen Wirken Jesu erwähnt. Als ältester Sohn einer allein erziehenden Mutter musste er für sie sorgen.

Jesus begann zu sprechen, als die Soldaten das Los über sein Unterkleid warfen. *»Lasst es uns nicht zerreißen«*, sagten sie zueinander, *»sondern darum losen, wessen es sein soll«* (Joh 19,24). Jüdische Männer trugen gewöhnlich fünf Kleidungsstücke. Wenn wir lesen, die Soldaten *»machten vier Teile, einem jeden Soldaten einen Teil – und das Unterkleid«* (Vers 23), dann bedeutet das nicht, dass sie die vier Kleidungsstücke zerrissen hätten, sondern sie hatten sie untereinander aufgeteilt. Aber sie mussten entscheiden, wer das fünfte Stück bekommen sollte, das in einem durchgewebte, nahtlose Unterkleid. Üblicherweise fertigte eine Mutter dieses Gewand für ihren Sohn. Die Legende sagt, dass Maria Jesus dieses Unterkleid machte, als er das Elternhaus verließ. Vielleicht ist die Legende ja wahr.

Charles Swindoll hebt hervor, dass es zwischen dem, was die Soldaten taten, und dem, was Jesus sagte, eine Verbindung zu geben scheint. Unmittelbar nachdem wir erfahren, dass die Soldaten das Los über sein Unterkleid warfen, lesen wir: *»Es stand aber bei dem Kreuz Jesu seine Mutter«* (Joh 19,25). Dann folgen die an Maria und an Johannes gerichteten Worte Jesu.

Swindoll schreibt: »Warum jetzt? Sie ist die ganze Zeit da gewesen, hat beobachtet und geweint. Warum ist er nicht darauf eingegangen und hat sie angesprochen? Könnte das mit dem nahtlosen Gewand zusammenhängen? Ich meine ja. Seine Oberbekleidung war bedeutungslos ... aber als sie das Unterkleid berührten, da rührten sie etwas sehr nah an seinem Herzen an – das Gewand, das seine Mutter für ihn angefertigt hatte.«[3] Swindoll beabsichtigt zu zeigen, dass Jesus nach seiner Mutter sah, als die Soldaten begannen, miteinander um sein Unterkleid zu feilschen. Die freundlichen Worte, die nun von seinen Lippen kamen, waren voller Liebe, Mitgefühl und Wehmut.

Wir haben gesehen, dass Johannes zurückgekehrt war und am Fuß des Kreuzes stand, um seinen Meister leiden und sterben zu sehen. Trotz unsagbarer Schmerzen wandte sich Jesus an ihn und an seine eigene Mutter Maria, die mit drei anderen Frauen nahe dabei stand. Er würde sie nicht mehr versorgen können, denn das Wesen ihrer Beziehung würde für immer verändert sein. Wir wollen sorgfältig auf jedes Wort hören.

»Frau, siehe, dein Sohn!« (Joh 19,26).

Er sprach mit auf die Brust herabhängendem Kinn, den Blick an den Boden geheftet. Obwohl er ihr Sohn war, bezog er sich dabei nicht auf sich selbst; diesmal gebrauchte er das Wort *Sohn*, um auf Johannes hinzuweisen, den *»Jünger, den Je-*

sus liebte« (Joh 13,23). Sie sollte Johannes »an Kindes statt annehmen«, als wäre er ihr eigener Sohn. So gut er vermöchte, würde Johannes die schmerzliche Leere zu füllen suchen, die der Tod Jesu verursachen würde. Maria verlor einen Sohn und bekam einen anderen. Nur mit Mühe hatte er diese Worte geäußert, als sich ein neuer, schmerzerfüllter Seufzer von seinen rissigen Lippen löste. Er strengte sich an, verständlich zu sprechen, und versuchte nun, in Johannes' Richtung zu sehen.

»*Siehe, deine Mutter!*« (Joh 19,27).

Johannes war ausersehen, für Maria zu sorgen, als sei sie seine eigene Mutter.

Die Liebe einer Mutter

Lasst uns einen Augenblick lang in Marias Schuhe schlüpfen, die auserwählt war, den Sohn Gottes zu gebären. Nachdem der Engel sie aufgesucht hatte, war sie ebenso erregt wie besorgt, sie fühlte sich gleichermaßen geehrt und gedemütigt. In gläubigem Gehorsam erwiderte sie Gabriel: »*Es geschehe mir nach deinem Wort*« (Lk 1,38). Als Jesus geboren war, brachten sie und Joseph das Kleinkind Jesus in den Tempel, und der greise Simeon sagte voraus, dass ein Schwert ihr eigenes Herz durchbohren werde (Lk 2,35). Zu diesem Zeitpunkt konnte sie natürlich nicht vorausahnen, was das alles bedeutete. Sie hatte nicht die Geburt im Stall und die Krippe als Kinderbettchen voraussehen können, auch konnte sie jetzt weder die Jahre des Kampfes noch seinen Tod, der ihr Herz auseinanderreißen würde, vorausahnen. Simeon hatte ja so Recht! Wenn sie einen Sohn haben sollte, musste sie auch das Schwert annehmen. Große Vorrechte bringen große Sorgen mit sich.

Zum ersten Mal durchbohrte das Schwert ihr Herz, als in und um Bethlehem unschuldige Babys abgeschlachtet wurden, weil sich Herodes vor dem Messias fürchtete (Mt 2,16-18). Die kleine Familie floh nach Ägypten, aber sie war sich ganz sicher darüber im Klaren, dass ihr Sohn die Ursache dafür war, dass Soldaten in die Häuser stürmten und die kleinen Söhne vor den Augen ihrer Familien ermordeten. Der ganze Landstrich weinte, und Maria und ihr Sohn waren die Ursache von alledem.

Das Schwert fuhr erneut herab, als sie und ihre Familie die Gerüchte mitbekamen, sie habe ihren Sohn in Schande empfangen. Sie überhörte den Spott, die Beleidigungen und die Drohungen. Sie wusste, dass man in Nazareth versucht hatte, ihren Sohn vom Felsen herabzustürzen; sie wusste, dass man ihn suchte, wie der Falke nach der Maus sucht. Und weil sie wusste, dass er unschuldig war – vollkommen, in jeder Hinsicht – lastete die Ungerechtigkeit von alledem schwer auf ihrer Seele.

Man bedenke, wie es gewesen sein muss, dass Jesus in einem normalen, unvollkommenen jüdischen Haushalt aufwuchs! Wir können uns nur eine schwache Vorstellung von den angespannten familiären Beziehungen machen. Die anderen Kinder fühlten sich zweifellos minderwertig gegenüber ihrem älteren Bruder, der niemals ungehorsam war, niemals log und – kurz gesagt – niemals sündigte. Sie merkten schnell, dass sie ihn nicht ihrer eigenen Missetaten bezichtigen konnten! Maria kannte seine Vollkommenheit, aber sie musste die Missverständnisse, den Spott und die Verachtung erdulden, mit denen er überhäuft wurde. Sie wusste, dass ihr Sohn eine himmlische Mission erfüllte.

Schließlich, hier am Kreuz, zerteilte das Schwert Marias Herz, durchbohrte es bis in die tiefste Tiefe. Als der Soldat zu guter letzt seinen Speer in die Seite ihres Sohnes stach, da fühlte sich das an, als ob das Schwert das Herz dieser Mutter bereits zerteilt hätte. Sie, die die Stirn jenes kleinen Kindes mit Küssen bedeckt hatte, sah nun diese Stirn mit Dornen gekrönt. Sie, die diese kleinen Hände gehalten hatte, als er laufen lernte, sah nun diese Hände von Nägeln durchbohrt. Sie, die ihn in ihren Armen gewiegt hatte, sah nun, wie er sich einsam auf dem Müllabladeplatz Jerusalems am Kreuz wand. Sie, die ihn von Geburt an geliebt hatte, war nun gekommen, um ihn im Tode noch mehr zu lieben. Wie Pink es ausdrückte: »Niemals solche Glückseligkeit bei einer menschlichen Geburt; niemals solcher Jammer bei einem unmenschlichen Tod.«[4]

Sie wusste, dass er die Macht hatte, vom Kreuz herabzusteigen; sie wusste von den Legionen von Engeln, die ihm zur Verfügung standen. Aber als er sagte: »*Frau, siehe, dein Sohn!*«, und dabei mit dem Kopf in Johannes' Richtung deutete, da verstand sie, dass er sie auf seinen Tod vorbereitete. Die irdischen Beziehungen waren aufgelöst, und neue, himmlische Beziehungen sollten nun beginnen. Er würde nicht mehr ihr Sohn sein, sondern ihr Heiland.

Maria leidet in ungebrochenem Schweigen. Sie sieht die Dornenkrone, die sie nicht wegnehmen kann. Sie sieht die Nägel, aber es ist ihr nicht erlaubt, sie herauszuziehen. Sie sieht die Striemen der Geißelung, aber sie ist nicht in der Lage, die Schmerzen ihres Sohnes mit einer Salbe zu lindern. Sie hört den Hohn, aber sie ist außerstande, die Menge zum Schweigen zu bringen. Es war immer gefährlich, mit einem Menschen in Verbindung zu stehen, den die Römer der Kreuzigung würdig befunden hatten. Aber sie stand ihm zur Seite, obwohl er als Verbrecher verhöhnt wurde, denn sie wusste es besser.

Sie steht am Kreuz. Sie fällt nicht in Ohnmacht, sie hockt sich nicht hin, sie rennt nicht fort. Sie steht dort und sieht alles. Dies war die Stunde, von der Jesus gesprochen hatte, die Stunde, vor der er nicht entfliehen konnte. Als seine Mutter konnte sie nur dabei stehen, berührt von seinem unerträglichen Kummer. Sie ist die Frau, die von Malern mit einer Lilie in der Hand dargestellt wird, aber jemand hat gesagt, diese weiße Lilie sei befleckt von dem roten Blut eines gebrochenen Herzens. Ja, das Schwert hatte sein empfindsamstes Ziel getroffen.

Sie hätte mit Freuden seinen Platz eingenommen, aber sie konnte ihm nicht helfen, ihn nicht von seinen Leiden erlösen. Sie hätte ihn vielleicht retten können, wenn sie zu den Behörden gegangen wäre und behauptet hätte, dass alles, was er sagte, nicht wahr sei, und dass man ihn als Geisteskranken freisprechen solle. Oder, noch verlockender, sie hätte einfach um Gnade für ihn flehen können. Aber sie will sich nicht in das Geheimnis des göttlichen Willens und in sein Handeln einmischen.

Sie konnte es nicht verstehen, aber sie konnte lieben.

Als die wunderbare Mutter, die sie war, nahm sie doch ihren Platz bei den anderen Sündern am Fuß des Kreuzes ein. Sie war nicht dort, um am Erlösungswerk ihres Sohnes beteiligt zu werden, sondern sie selbst wurde von ihrem Sohn erlöst. In den wunderschönen Versen (*Magnificat* genannt), die ihr von den Lippen flossen, nachdem sie entdeckt hatte, dass sie schwanger war, sagte sie: »*Meine Seele erhebt den Herrn, und mein Geist hat frohlockt in Gott, **meinem Heiland***« (Lk 1,46-47). Auch sie brauchte die Vergebung, die ihr Sohn durch seinen Tod bewirkte.

Ein vorbildlicher Sohn

Jesus war sich bewusst, wieviel Schmerz er seiner geliebten Mutter bereitet hatte. Er nannte sie »Frau«, gerade so wie bei der Hochzeit in Kana. Er war nicht respektlos, aber sie musste sich wieder vergegenwärtigen, dass er ein himmlischer Sohn und sie eine irdische Mutter war. In der Tat wird nirgendwo berichtet, dass er sie »Mutter« genannt hätte. Johannes verweist auf Maria als die Mutter Jesu, aber Jesus selbst gebrauchte das Wort nie für sie – vielleicht um uns bei der Erinnerung behilflich zu sein, dass sie nur das menschliche Gefäß war, durch das er in die Welt kam.

Warum überantwortete Jesus seine Mutter nicht seinen Halbbrüdern, den Kindern, die Maria nach ihrer wunderbaren Jungfrauengeburt dem Joseph gebar (sie werden in Mt 13,55 erwähnt)? Zum einen waren sie nicht in Jerusalem, sondern in Galiläa. Zum anderen wissen wir, dass sie, als sie aufwuchsen, sich selbst nicht eingestehen mochten, dass ihr älterer Bruder tatsächlich der Messias war. Sogar zu einem späteren Zeitpunkt seines Wirkens lesen wir noch: *»Denn auch seine Brüder glaubten nicht an ihn«* (Joh 7,5). Glücklicherweise veränderten die Ereignisse der Kreuzigung und der Auferstehung ihre Ansichten, denn sie waren unter denen, die sich zu Pfingsten im Obersaal versammelt hatten, als der Heilige Geist kam (Apg 1,14). Zu diesem Zeitpunkt jedoch befahl er Maria einem neuen »Sohn« an, Johannes.

Ein verantwortlicher Jünger

Als Jesus in Gewahrsam genommen wurde, lesen wir: *»Da verließen ihn die Jünger alle und flohen«* (Mt 26,56). Wir würden ja meinen, dass ihre Liebe zu ihm jeden Sturm überstanden hätte, einschließlich des Todes. Petrus dachte so (Vers 35). Aber im kritischen Augenblick rannten sie davon, denn auch sie stießen sich an ihm, gerade so, wie er vorausgesagt hatte (Vers 31). Die Worte *Anstoß nehmen* bedeuten hier so viel wie schockiert sein. Um es klar zu sagen: Sie verließen ihn, weil sie sich seiner schämten.

Ich habe oft über die Worte nachgedacht, die Satan an Gott richtet: »*Alles, was der Mensch hat, gibt er für sein Leben*« (Hi 2,4). Durchforsten Sie die Seiten der Geschichte und Sie werden überrascht sein, welch ungleich größeren Wert wir unserem physischen Leben zumessen als unseren Prinzipien oder sogar unserer Seele. Viele Menschen haben tiefe Überzeugungen, aber sie sind nicht tief greifend genug, um ihretwillen zu leiden. Oft braucht es sehr wenig, um unseren Glauben umzustoßen, wie Petrus schnell entdeckte.

Aber das Versagen der Jünger war auch eine Angelegenheit göttlicher Vorsehung. Jesaja prophezeite, der Messias werde »*die Kelter allein treten*« (Jes 63,3). Arthur Pink schrieb: »Christus durfte nicht die geringste Unterstützung, nicht den geringsten Trost irgendeines Geschöpfes haben ... damit er allein gelassen sei, um sich mit dem Zorn Gottes und des Menschen auseinander zu setzen.«[5] Als Johannes zurückkehrte, erfuhr er, dass einem eine neue Verantwortung übertragen wird, wenn man zum Kreuz kommt.

»In meiner Firma weiß niemand, dass ich Christ bin«, sagte mir ein Geschäftsmann. Er fügte hinzu: »Ich mag es so, weil ich dann nicht auf einen Sockel gestellt werde. So muss ich diesen unwirklichen Standard nicht erfüllen.« Er zog es vor, sich vom Kreuz fern zu halten, unbemerkt in der Masse

der Menschen zu verschwinden, die die religiösen Fein-
schmeckerbüffets unserer Tage bevölkern. Ich ermutigte
ihn, zu dem Kreuz zurückzukehren, von dem er behauptete,
dass es ihn errettet habe. Ich drängte ihn, mit seiner Schuld
und seinen Ängsten zu kommen. Ich rief ihm die Worte Jesu
in Erinnerung: »*Wer sich meiner und meiner Worte schämt unter diesem ehebrecherischen und sündigen Geschlecht, dessen
wird sich auch der Sohn des Menschen schämen, wenn er kommen wird in der Herrlichkeit seines Vaters mit den heiligen Engeln*« (Mk 8,38). Dieser fleischliche Mensch musste zum
Kreuz zurückkehren, um seinen Auftrag zu erhalten. Niemand
kann zum Kreuz kommen, ohne darin einen Ort selbstloser
Hingabe zu erkennen. Wir kommen zum Kreuz, um unseren
eigenen Plänen und Vorhaben zu sterben und die Aufgabe
anzunehmen, die uns von dem gegeben wird, der dort für
uns hing.

Jesus schalt Johannes nicht, dass er ihn verlassen hatte.
Vielmehr erhielt er eine herrliche Auszeichnung dafür, dass er
zurückgekommen war. Es passte, dass Johannes das Privileg
zugestanden werden sollte, für Maria zu sorgen, denn er hatte
die Liebe Christi besser verstanden als alle anderen Apostel.
Drei Tage später waren Petrus und Johannes die Ersten, die zur
Gruft rannten. Petrus ging hinein und bemerkte die ordentlich abgelegten Grabtücher. Dann kam Johannes herein, und
wir lesen: »*Er sah und glaubte*« (Joh 20,8). Das heißt, er wusste, dass Jesus von den Toten auferstanden war.

Was fingen die Jünger mit dieser aufregenden Nachricht
an? Sie kehrten in ihre eigenen Häuser zurück (Joh 20,10).
Das heißt, dass Johannes nach Hause zu Maria eilte, um ihr
mitzuteilen, dass ihr Sohn aus den Toten auferstanden war.
Jahre später würde Jesus Johannes die Apokalypse offenbaren

(das Buch der Offenbarung). Da würde er den Herrn Jesus als den Herrn der Herren sehen. Was für Gedanken müssen ihm da durch den Sinn gegangen sein, als er sich seiner Gemeinschaft mit Jesus auf der Erde erinnerte und an die Freude, dass er für dessen Mutter sorgen durfte!

Wenn es wahr ist, dass Gott alles schuf, um zu erlösen, dann tat Jesus jetzt das Werk, zu dem die Welt geschaffen war. Hier an diesem Kreuz flossen die Ziele der Zeitalter zusammen. Das war die Nabe, in der die Speichen der Ziele Gottes zusammentrafen in einer wunderbaren Zurschaustellung göttlicher Eigenschaften. Gottes Liebe und seine Gerechtigkeit wurden für alle sichtbar zur Schau gestellt. Und doch vergaß Jesus in diesem Augenblick nicht seine irdischen, familiären Verpflichtungen.

Nahe beim Kreuz leben

Wenn wir dabei gewesen wären – wie nah hätten wir wohl am Kreuz gestanden? Ganz nahe dabei oder in komfortabler Distanz? Hätten wir uns unter den Pöbel gemischt, oder hätten wir die wütenden Scharfmacher mit Freuden wissen lassen, dass wir Anhänger des Mannes sind, der da an dem Kreuz in der Mitte hing? Hätten wir nahe dabei gestanden, auch wenn uns das Kreuz ebenso viel kosten würde, wie es Christus gekostet hat?

Am Kreuz werden wir wie Johannes aufgefordert, Christi Platz in der Welt einzunehmen. Als Christus in der Nacht zuvor betete, da sagte er: »*Wie du mich in die Welt gesandt hast, habe auch ich sie in die Welt gesandt*« (Joh 17,18). Schon früher hatte er seine Jünger gelehrt: »*Wenn jemand zu mir kommt und hasst nicht seinen Vater und seine Mutter und seine Frau und sei-ne Kinder und seine Brüder und Schwestern, dazu aber auch sein eigenes Leben, so kann er nicht mein Jünger sein;* **und wer nicht sein Kreuz trägt und mir nachkommt, kann nicht mein Jün-ger sein**« (Lk 14,26-27).

Hätten Sie für Maria gesorgt, wenn Jesus Sie beauftragt hätte? »Natürlich«, sagen Sie, aber kann man es sicher wis-sen? Uns wird jeden Tag dieselbe Möglichkeit gegeben. Als Jesus von einem Mann unterbrochen wurde, der ihm sagte, seine Mutter und seine Brüder seien auf der Suche nach ihm, da traf Jesus eine verblüffende Feststellung. *»Wer sind meine Mutter und meine Brüder?«*, fragte er. *»Und er blickte umher auf die um ihn im Kreise Sitzenden und spricht: Siehe, meine Mutter und meine Brüder! Wer den Willen Gottes tut, der ist mir Bruder und Schwester und Mutter«* (Mk 3,33- 35).

Wir sind seine Brüder, Schwestern und Mütter! Witwen bedürfen des Sohnes einer anderen, der für sie sorgt. Allein erziehende Mütter benötigen Ersatzväter für ihre Kinder. Die Kranken und Schwachen bedürfen des Besuches und der Für-sorge in demselben Geist, durch den Christus ihnen dienen würde. *»Wahrlich, ich sage euch, wenn ihr es einem der geringsten dieser meiner Brüder getan habt, habt ihr es mir getan«* (Mt 25,40). Unsere eigenen Eltern brauchen dieselbe zärtliche Fürsorge, die wir Maria leisten würden. Wir sind sein Leib, sei-ne Hände, seine Füße.

Vor einiger Zeit las ich die Geschichte einer Frau, die von ihrem Mann wegen einer anderen verlassen wurde. Nach-dem die Scheidung vollzogen war, heiratete der ehebreche-rische Mann erneut und hatte mehrere Kinder mit seiner neuen Frau. Als er an Krebs erkrankte, war ihm klar, dass sei-ne zweite Frau unfähig sein würde, die Kinder zu versorgen.

Da er die Barmherzigkeit seiner ersten Frau kannte, bat er sie, seine Kinder zu adoptieren und sie aufzuziehen, als wären sie ihre eigenen.

Es ist unglaublich, aber sie nahm die Herausforderung an. Als man sie fragte, wie sie die Kinder ihres ehebrecherischen Mannes liebevoll aufziehen könne, erwiderte sie: »Gottes Liebe schenkte mir die Gnade, zu vergeben und seine Kinder als meine eigenen anzunehmen.«

Da meine ich, Jesus sagen zu hören: »Frau, hier sind deine Kinder«, und auch: »Kinder, seht, eure Mutter.« Die Seufzer Christi am Kreuz müssen in den Ohren aller nachklingen, die in diesem Zeitalter der zerbrochenen Familien dienen. Und viele haben erkannt, dass geistliche Bindungen bei der Herstellung zwischenmenschlicher Beziehungen stärker sind als natürliche. Opferbereite Barmherzigkeit ist jedenfalls ein unfehlbares Zeichen der Gegenwart Christi. Hören wir, was er uns zu sagen hat: »Tretet an meine Stelle, bis ich komme.«

Wie leichtfertig singen wir doch:

»Jesus, zieh zum Kreuze mich,
wo die Quelle fließet,
die zum Heil der Sünder sich
dort so frei ergießet.«[6]

Salome, die Mutter von Johannes und Jakobus, stand an diesem Tag am Kreuz. Sie war diejenige, die darum gebeten hatte, dass ihre Söhne Jakobus und Johannes das Privileg haben mögen, im künftigen Reich mit zu herrschen. An diesem Tag lernte sie, dass es am Fuß des Kreuzes keinen Eigennutz geben kann. Wie Bonhoeffer schrieb:

»Wenn Christus einen Menschen ruft, dann bietet er ihm an, zu kommen und zu sterben. Dies mag ein Tod wie der der ersten Jünger sein, die ihre Familien verlassen und ihm folgen mussten. Oder es mag sein wie der Tod Luthers, der das Kloster verlassen und in die Welt hinausgehen musste. Aber es ist jedesmal derselbe Tod – gestorben in Jesus Christus, der Tod des alten Menschen bei seinem Ruf ... Nur ein Mensch, der seinem eigenen Willen gestorben ist, kann Christus nachfolgen.«[7]

Das Kreuz zermalmt jede Selbsterhöhung. Wir stehen gebeugten Hauptes dort und haben nur die eine Frage: Herr, wie kann ich dir in der Welt Hand und Fuß sein?

Was für ein Gegensatz außerhalb der Stadt Jerusalem an diesem Tag! Auf der einen Seite wird Erlösung erwirkt für jene, die Gott erlösen möchte; auf der anderen Seite langweilen sich die Soldaten bei ihren abgeschmackten Spielen und warten auf das Ende der Hinrichtungsmarter. Die, die Jesus lieb haben, stehen erstarrt in hoffnungsloser Betrübnis; die, die ihn hassen, sind erfüllt von hämischem Frohlocken. Der Himmel selbst hält über dem Kreuz den Atem an; er wartet darauf, dass die Bezahlung für unsere Sünde erbracht wird. Aber auch die Hölle ist da, mit all ihrer Grausamkeit, Gleichgültigkeit und Finsternis.

Wie die Soldaten verspielen auch noch heute manche ihr Leben im Schatten des Kreuzes. Sie wissen von Jesus. Einige von ihnen sind in gläubigen Elternhäusern oder evangelikalen Gemeinden über ihn belehrt worden. Aber es ist nicht die Nähe zum Kreuz, die uns zu Gläubigen macht. Manchmal sind jene, die am engsten bei Christus stehen, diejenigen, die ihn mit der feurigsten Entschlossenheit zurückweisen.

Lassen Sie uns unseren Platz bei denen einnehmen, die demütig die Verantwortung auf sich nehmen, die das Kreuz jedem von uns auferlegt. *»Mir aber sei es fern, mich zu rühmen als nur des Kreuzes unseres Herrn Jesus Christus, durch das mir die Welt gekreuzigt ist und ich der Welt«* (Gal 6,14).

4

SEIN AUFSCHREI
DER QUAL

*»Mein Gott, mein Gott,
warum hast du mich verlassen?«*
Matthäus 27,46

Nur am Kreuz sehen wir die Liebe Gottes ohne jede Un-
klarheit. Hier greift er am weitesten aus; hier sehen wir
sein ehrgeizigstes Rettungsbemühen. Gott selbst kam auf unsere Seite der Kluft, war bereit, für uns und mit uns zu leiden.
Auf Golgatha ging seine Liebe in unmissverständlicher Klarheit und Helligkeit über der Welt auf. Hier haben wir schließlich Grund zu glauben, dass ein echtes Zusammentreffen zwischen Gott und Mensch stattgefunden hat.

Am Kreuz prallten Gottes unbeugsame Heiligkeit und seine grenzenlose Liebe aufeinander, und mit einem qualvollen
Angstschrei werden wir erlöst. Hier ist die Sünde mit all ihren Schrecken und die Gnade mit all ihren Wundern. Die ersten drei Aussprüche am Kreuz geschahen bei Tageslicht. Nun
aber hüllt die Natur das Leiden ihres Schöpfers in Finsternis.

Dieser Angstschrei des Verlassenseins, wie er genannt wird, ist seinem Platz in der Mitte der sieben Aussprüche angemessen. Er führt uns in das Geheimnis unseres leidenden Gottes ein.

»Mein Gott, mein Gott, warum hast du mich verlassen?« (Mt 27,46; Mk 15,34).

Ehe wir über diese Worte nachdenken, müssen wir uns einen Augenblick Zeit nehmen, um sicherzustellen, dass wir die Beziehung zwischen dem Vater und dem Sohn nicht missverstehen. Wir wollen darüber sprechen, dass Gott-Sohn Gott-Vater ein Opfer darbringt. Dabei könnte der Eindruck entstehen, dass ein gütiger Sohn seinen widerstrebenden Vater überredet, etwas gegen das Elend der Menschheit zu unternehmen, und dass dieser sich widerwillig einverstanden erklärt.

So ist das nicht.

Die Heilige Schrift sagt, wir hielten Christus für *»bestraft, von Gott geschlagen und niedergebeugt«* (Jes 53,4), und noch einmal: *»Dem Herrn gefiel es, ihn zu zerschlagen. Er hat ihn leiden lassen«* (Vers 10). Aber das Bild eines zornigen Gottes, der streng jeden Pfennig des Lösegeldes von einem unterwürfigen Christus eintreibt, kann unser Verständnis des Allmächtigen verzerren. Wenn wir nicht sorgfältig vorgehen, könnte es passieren, dass wir uns den Sohn liebevoll und den Vater grausam und schroff vorstellen.

Eine solche Vorstellung lässt sich angesichts der Liebe Gottes nicht aufrecht erhalten. In Wirklichkeit hat das Rettungswerk Christi seinen Ursprung im Herzen des Vaters. Der bekannteste Vers der Bibel lehrt: *»Denn so hat Gott die Welt geliebt ...«* (Joh 3,16). Und Zacharias sagte, Christus sei gekommen *»durch die herzliche Barmherzigkeit unseres Gottes«* (Lk 1,78). Das Heil kam zu uns, weil unser Vater ein rettender Gott ist, der uns liebt. Vater und Sohn ergriffen die Initiative zur Erlösung gemeinsam.

John Stott schrieb:

»Wir dürfen also nicht von einem Gott, der Jesus straft, oder von einem Gott, der Jesus überredet, sprechen. Denn das würde bedeuten, dass man beide auseinander dividiert – so, als ob sie unabhängig voneinander gehandelt hätten oder sich sogar im Streit miteinander befänden ... Der Vater erlegte dem Sohn keine Folter auf, die dieser nur widerwillig tragen mochte, noch entlockte der Sohn dem Vater ein Heil, dass dieser nur widerstrebend gewähren wollte.«[1]

Christus starb nicht, um den Vater zur Liebe zu bewegen. Der liebte uns schon vor Grundlegung der Welt. Der Wille des Vaters und der Wille des Sohnes werden deckungsgleich in dem vollkommenen Selbstopfer der Liebe. Als sich am Kreuz Gott von seinem Sohn abwandte, da geschah es, weil sich beide darüber einig waren, dass es so geschehen müsse, um unsere Errettung zu bewirken. Es war eine furchtbare Notwendigkeit.

Wir sollten die Trinität auch nicht falsch darstellen, wenn wir uns näher mit diesem heiligen Ausspruch befassen. Als Jesus rief: »*Mein Gott, mein Gott, warum hast du mich verlassen?*«, dürfen wir das nicht so auffassen, dass Vater und Sohn in ihrer Existenz oder in ihrem Wesenskern voneinander getrennt worden seien. Mit anderen Worten: Als Gott Jesus verließ, da teilte sich die Trinität nicht in zwei voneinander unabhängige Teile. Es war ein Bruch in der Gemeinschaft, aber kein Zerbrechen ihrer fundamentalen Einheit.

Kehren wir nun wieder zum Kreuz zurück und hören diesen Aufschrei Jesu. Hier versammelten sich alle Mächte des Universums: Der *Mensch* tat sein Werk, indem er den Sohn Gottes tötete und die Bosheit seines Herzens offenbarte; *Satan* tat sein Werk, indem er auf dem Samen der Frau herumtrampelte und seine törichte Feindseligkeit zur Schau stellte; *Jesus* tat sein Werk, denn er starb, *»der Gerechte für die Ungerechten, damit er uns zu Gott führe«* (1Petr 3,18), und schließlich tat *Gott* sein Werk, indem er seine Gerechtigkeit und seine Liebe deutlich machte, als er seinen Zorn über den Sohn ausgoss.[2]

Wenn Gott uns segnen soll, dann muss er sich selbst den Rücken zuwenden. Oh ja, wir müssen uns dem Kreuz mit Verwunderung nähern.

Das Wunder der Finsternis

Nach jüdischem Brauch begann ein neuer Tag um sechs Uhr morgens. Wenn wir also lesen, dass Jesus um die dritte Stunde gekreuzigt wurde, dann wissen wir, dass es neun Uhr morgens war. So hing er drei Stunden im morgendlichen Sonnenlicht, aber zur sechsten Stunde, das heißt also am Mittag, breitete sich Finsternis über dem Land aus: *»Von der sechsten Stunde an kam eine Finsternis über das ganze Land«* (Mt 27,45). Am Mittag wurde die Welt finster. Es hatte drei Stunden Licht gegeben, und nun gab es für drei Stunden Finsternis. Das war keine Sonnenfinsternis; die Sonne wurde durch übernatürliches Handeln Gottes verdunkelt.

Wieso Nacht am Mittag?

Finsternis ist stets mit dem Gericht Gottes über große Sünde verbunden. Hier sehen wir das Gericht Gottes über die gottlosen Menschen, die seinen Sohn mit grausamer Geringachtung behandelten. Und in einem tieferen Sinn stehen wir dort mit ihnen, verurteilt, denn es waren unsere Sünden, die Jesus an das Kreuz brachten. Sollten wir jemals die Sünde lieben, dann würden wir das unsagbare Böse lieben, die Ursache der Nägel, die durch die Hände und Füße unseres Heilands getrieben wurden. So, wie wir das Messer hassen oder verabscheuen würden, das benutzt wurde, ein Kind zu ermorden, so sollten wir die Sünde hassen und verabscheuen, die Jesu Tod verursachte. Die Finsternis kam wegen der Kollektivschuld von uns allen.

Aber es gibt noch einen Grund für die Finsternis. Sie steht für das Gericht Gottes über seinen Sohn. In diesen Stunden der Finsternis wurde Jesus rechtmäßig unserer Sünde schuldig, und dafür wurde er gerichtet. Bedenken Sie: rechtmäßig schuldig des Völkermords, des Kindesmissbrauchs, des Alkoholismus', des Mordes, des Ehebruchs, homosexueller Handlungen, der Habgier und all dieser Dinge. Wie passend, es vor den Augen der Menschen zu verschleiern, als der Sündlose »*für uns zur Sünde gemacht*« (2Kor 5,21) wurde.

Erinnern Sie sich: Die letzte Plage in Ägypten vor dem Passah war »*eine solche Finsternis ... dass man die Finsternis greifen kann*« (2Mo 10,21). Jetzt, unmittelbar bevor dieses Passahlamm geschlachtet wurde, wurde die Welt in Finsternis gehüllt wie in eine Decke. Erst, als er starb, kehrte das Licht zurück.

> »*Verbarg sich Sonn' in Finsternis,*
> *versiegelt' ihre Herrlichkeit,*
> *als Schöpfer Christus starb am Kreuz*
> *für Sünd der Menschen aller Zeit.*«[3]

Nun wollen wir noch tiefer in die Beziehung zwischen Gott und seinem Sohn eindringen.

Das Wunder der Zweifelsfrage

»**Mein Gott, mein Gott**, *warum hast du mich verlassen?*«
Was für ein Gegensatz zu den vorherigen Erfahrungen mit dem Vater!

Im Garten Gethsemane hatte Jesus einen Gott, der ihn stärkte; am Kreuz hatte er einen Gott, der sich von ihm abwandte. In Gethsemane kann er zwölf Legionen Engel rufen, die ihn schnell befreit haben würden; am Kreuz ruft er zu Gott, der ihm die Rettung verwehrt. Zuvor sagte er, der Vater habe ihn nicht allein gelassen; nun hat Gott sich von ihm abgewandt. In Gethsemane war Jesus versucht, Gott zu verlassen; am Kreuz verließ Gott ihn.[4]

Wir wollen uns die Frage einmal genauer ansehen.

Nur an dieser Stelle des Evangeliums spricht Jesus den Vater mit dem Wort »Gott« an. Dieser Wechsel der Anrede kennzeichnet einen Bruch in der Gemeinschaft. In diesem Moment scheint Gott nicht wie ein Vater zu handeln. Das Leiden des Sohnes war unerträglich genug, aber es ohne die Gegenwart Gottes durchzustehen, vergrößerte den Schrecken ins Unermessliche.

Dieser qualvolle Ausruf ist für uns so schwer zu verstehen, dass manche überzeugt sind, Gott habe Jesus nicht wirklich verlassen, sondern Jesus habe sich nur verlassen *gefühlt*. Aber wir müssen den Worten, die geschrieben sind, ihre Bedeutung lassen. Calvin hatte Recht, als er sagte, die Seele Christi habe die volle Wirkung des Gerichts auch fühlen müssen: »Wäre Christus nur einen körperlichen Tod gestorben, wäre das wirkungslos geblieben ... Hätte seine Seele nicht an der Strafe Anteil gehabt, dann wäre er nur der Erlöser der Leiber geblieben.« Folglich »bezahlte er einen höheren und weitaus kostbareren Preis, als er in seiner Seele die schrecklichen Qualen eines verdammten und verlassenen Menschen litt«. Irren Sie sich nicht: Gott ließ Jesus wirklich allein.

Verlassen. Das ist ein gewaltiges Wort. Ein Mensch, verlassen von seinen Freunden. Eine Frau, verlassen von ihrem Ehemann. Ein Geschöpf, verlassen von seinem Schöpfer. Der Sohn Gottes durchlebt die Gottverlassenheit. Dieser Sohn war von Ewigkeit her Gegenstand der Vaterliebe; die Gegenwart seines Gottes und Vaters war seine ganze Freude. Dass Gott sein Antlitz vor ihm verbarg, war der bitterste Schluck aus dem Kelch des Leids, den zu trinken er sich entschlossen hatte.

Aber – litt er nur als Mensch, oder litt er als Gott? War sein göttliches Wesen passiv, während Gott die Bezahlung annahm, die an jenem finsteren Tag in Jerusalem geleistet wurde?

Dennis Ngien hat die Behauptung aufgestellt: Ein Gott, der nicht leiden kann, ist ein Gott, der nicht lieben kann. Wenn Gott nicht die Qual seines Volkes empfinden kann, dann könnten wir versucht sein zu sagen, Gott stehe unserem Elend gleichgültig gegenüber. »Gott leidet«, schrieb Dennis Ngien, »wegen Gottes Liebeswillen.«[5]

Vielleicht hatte Bonhoeffer Recht, als er aus dem Gefängnis schrieb: »Nur der leidende Gott kann helfen.«[6]

Wenn nur das menschliche Wesen Jesu am Kreuz litt, dann gab es keine wirkliche Fleischwerdung. Es könnte sogar zu dem Schluss führen, dass an dem Kreuz nur ein normaler Mensch starb, und nicht der Gott-Mensch. Er konnte gar nicht als Mensch allein leiden, ohne dass auch seine göttliche Natur litt. Ich kann auch nicht glauben, dass der Vater passiv und unbewegt blieb. Als Eltern wissen wir, wenn wir unseren Sohn sterben sehen, dann ist er nicht der Einzige, der leidet. Ebenso fühlte unser himmlischer Vater die Qual seines geliebten Sohnes. Aber Gott musste ihm den Rücken kehren, damit er die Strafe für unsere Sünden erleiden konnte.

Rufen Sie sich in Erinnerung, dass der Vater nicht aufgrund von Umständen, die jenseits seiner Kontrolle lagen, gezwungen war zu leiden. Gott *wählte* das Leiden. Er *entschloss* sich, die Menschheit durch das Leiden seines Sohnes zu erretten. Der Vater wählte es so, dass er von einigen anerkannt und von anderen verworfen werden konnte. Er litt, weil er es so wollte. Vor ihm lag eine unendliche Zahl möglicher Welten – Welten, in denen es keinen Fall gab, keine Sünde, keine Notwendigkeit der Erlösung. Aber er entschied sich für diesen Plan mit all seiner Ungerechtigkeit und Qual. Wir sind gefordert, das zu glauben, und von der Ewigkeit her betrachtet war dieser Plan der beste.

Wenn es für uns als erlöste Sünder ein erschreckender Gedanke ist, von Gott verlassen zu werden, dann sollten wir uns den Kummer des Sohnes vergegenwärtigen, der von der Ewigkeit her beim Vater war. Man stelle sich vor, *er* wird von Gott verlassen! Seine Heiligkeit kam in Berührung mit Unreinheit jeder Art. Und doch, sogar noch in diesem Aufschrei schwingen Hoffnung und Vertrauen mit. Er ruft: »*Mein Gott, mein Gott ...*« Immer noch nannte er Gott »*mein* Gott«; der Vater gehörte immer noch zu ihm. Das herzliche Miteinander war vorüber, aber der Sohn hatte das klare Wissen, dass die Gegenwart Gottes sich wieder einstellen würde. Das Verschwinden seiner Anwesenheit bedeutete nicht das Verschwinden seiner Liebe. Am Ende des dunklen Tunnels gab es Licht. In wenigen Stunden würde er sagen: »*Vater, in deine Hände befehle ich meinen Geist*« (Lk 23,46).

»Das war ein Aufschrei der Qual und nicht des Misstrauens«, schrieb Pink. »Gott hatte sich von ihm zurückgezogen, aber schau, wie seine Seele sich an Gott hängt.«[7] Die Qual kann nicht in Worten Ausdruck finden. Wen wundert es da, dass sich Luther beim Betrachten dieses Textes über das vorliegende Mysterium sein Hirn zermarterte und ausrief: »Gott verlässt Gott – kein Mensch kann das verstehen!« Ja, die Finsternis erinnert uns an den Schrecken und an das Geheimnis. Ein Geheimnis, das kein Mensch verstehen kann.

Das Wunder des Schweigens

*»Mein Gott, mein Gott, warum hast du mich **verlassen**?«*

Der Aufschrei schallt hinaus in einen schweigenden Himmel.

2000 Jahre zuvor fand sich Abraham in der Situation, dass er seinen Sohn Isaak auf einem Altar auf dem Gipfel des Berges Morija töten sollte. Gerade, als er sein Messer gen Himmel erhob, um zuzustechen, griff Jahwe ein: *»Strecke deine Hand nicht aus nach dem Jungen, und tu ihm nichts! Denn nun habe ich erkannt, dass du Gott fürchtest, da du deinen Sohn, deinen einzigen, mir nicht vorenthalten hast«* (1Mo 22,12). So wurde Isaaks Leben verschont. Aber die Stimme, die sich auf Morija zu Wort meldete, schwieg auf Golgatha.

Warum aber *wurde* der Sohn von Gott verlassen?

Die Engel suchten zweifellos nach einer Antwort auf diese Frage, denn sie sind zutiefst interessiert an den Dingen, die unser Heil betreffen (1Petr 1,12). Die Pharisäer, die in einiger Entfernung vom Kreuz standen, wären nicht in der Lage gewesen, eine Antwort zu geben. Die Priester hätten es nicht verstanden, auch nicht die römischen Soldaten. Geradeso ist es heute. Viele Leute können nicht verstehen, warum Gott jemanden verlassen sollte; besonders den Sohn, den er herzlich liebt.

Dass das Vorbild aller Vollkommenheit von Gott verlassen werden sollte; dass der, in dem die ganze Fülle der Gottheit leibhaftig war, nicht Gottes Antlitz sehen sollte –, dafür muss es einen überaus bedeutenden Grund geben. Wir finden diesen Grund in Psalm 22: »*Mein Gott, mein Gott, warum hast du mich verlassen? Fern von meiner Rettung sind die Worte meines Gestöhns. Mein Gott, ich rufe bei Tage, und du antwortest nicht; und bei Nacht, und mir wird keine Ruhe.* **Doch du bist heilig, der du wohnst unter den Lobgesängen Israels**« (Verse 1-3).

Gott verließ den Sohn, weil seine Heiligkeit es erforderte. Der Prophet Nahum stellte eine Frage, die einer Antwort bedarf: »*Wer kann vor seinem Groll bestehen, wer standhalten bei der Glut seines Zorns? Sein Grimm ergießt sich wie Feuer, die Felsen bersten durch ihn*« (Nah 1,6). Nur Jesus konnte vor dem Groll Gottes über die Sünde bestehen. Nur Jesus konnte dem Zorn standhalten, den wir in so reichem Maße verdient haben.

Rufen wir uns ins Gedächtnis zurück, dass Jesus von seinen Feinden als ein großer Sünder betrachtet wurde, aber Gott sah noch viel mehr Schuld auf ihm. Genauer – Gott betrachtete ihn als den, der auf seinen Schultern die Sünden vieler trug. So wurde er als einer gesehen, der abscheulicher Verbrechen schuldig war. Er wurde an unserer Stelle verflucht, damit wir freigesetzt werden könnten. »*Christus hat uns losgekauft von dem Fluch des Gesetzes, indem er ein Fluch für uns geworden ist – denn es steht geschrieben: Verflucht ist jeder, der am Holz hängt*« (Gal 3,13). Stellen Sie sich vor, wie Jesus über und über bedeckt ist von allem Bösen, und stellen Sie sich Ihre Sünde vor, die auf seinem Rücken liegt.

Wenn Jesus starb, um alle, die an ihn glauben würden, vor einer unendlichen Hölle zu erretten, könnte es dann nicht sein (darüber können wir nur spekulieren), dass Jesu Leiden am Kreuz in gewissem Sinn »unendlich« waren? Ganz sicher durchlitt er die Qualen der Hölle, denn die Hölle ist Finsternis, Ausgeliefertsein und Verlassenheit von Gott. Wenn es so ist, dann ist der Schrecken dessen, was er erlebte, jenseits unseres Begriffsvermögens.

Tun wir einmal so, als wäre Jesus nur ein Mensch gewesen – ein perfekter Mensch zwar, aber nicht mehr. Er hätte sich nur für *einen* anderen opfern können. Aber Jesus war ein Opfer für *viele* Menschen, und so musste er eine Ewigkeit der Hölle innerhalb von drei Stunden durchleiden. Wir müssen das so gut wir können als grenzenloses Leiden für den unendlichen Sohn Gottes begreifen. Es gab keinen Weg, Sünde zu übertragen, ohne auch gleichzeitig die Strafe dafür zu übertragen. Um es kurz zu sagen: Er empfing, was uns gebührte. Der Zorn Gottes entbrannte gegen den Sohn, nachdem die Abrechnung einmal gemacht war. Unbeschreibliche Sünde kam in Berührung mit grenzenloser Heiligkeit und unendlicher Gerechtigkeit.

Jetzt können wir besser verstehen, wieso es am Mittag Mitternacht wurde. Die tatsächliche Finsternis war symbolisch für Christi Trennung von Gott, der Licht ist. So, wie die Gottlosen in die »äußere Finsternis« hinausgeworfen werden, so ertrug der Sohn die Finsternis unserer Hölle. Stott schrieb: »Unsere Sünden radierten den Sonnenschein von seines Vaters Antlitz.«[8] Betrachten Sie diese Stunden am Kreuz und Sie schauen direkt hinein in die Hölle: Finsternis, Verlassensein und Abkehr Gottes. Das erklärt den Kelch, den er lieber an sich vorübergehen gesehen hätte. Sein ganzes Leben lang litt er unter den Menschen; zu besonderen Zeiten litt er unter Satan. Jetzt aber litt er unter der Hand Gottes.

Er wurde der äußeren Finsternis preisgegeben, damit wir im Licht wandeln können.

Das Wunder des menschlichen Herzens

Lassen wir die Szene auf dem Hügel Golgatha noch einmal vor unseren Augen erstehen. Die spottende Menge wurde während der dreistündigen Finsternis unruhig. Wir dürfen annehmen, dass diese Menschen von Furcht ergriffen wurden, dass sie sich ängstlich fragten, ob das Licht des Tages wohl jemals zurückkehren werde. Vielleicht war das ja wirklich der Sohn Gottes?!

Wie reagierten sie? *»Als aber einige von den Umstehenden es hörten, sagten sie: Der ruft den Elia«* (Mt 27,47). Einer nahm voller Mitgefühl einen Schwann, saugte ihn voll Wein und Essig, steckte ihn auf einen Ysopzweig und bot Jesus das Getränk an. Die Übrigen aber blieben sarkastisch und sagten: *»Halt, lasst uns sehen, ob Elia kommt, ihn zu retten«* (Vers 49). Ich bezweifle, dass sie seine Worte missverstanden. Matthäus hat die aramäische Version der Worte Jesu festgehalten. Diese Sprache wurde von den Menschen verstanden, die sich in der Nähe des Kreuzes aufhielten. Der Kommentar hinsichtlich Elia war nur ein weiterer Spott.

Die anwesenden Juden müssen gewusst haben, dass der Ausruf *»Mein Gott ...«* ein Zitat aus Psalm 22,1 war. Der Rest dieses Psalms beschreibt bis in die Einzelheiten die Tortur der Kreuzigung. Die Juden wendeten die Kreuzigung nicht an, sondern sie pflegten die Delinquenten zu steinigen, die sie der

Todesstrafe wert hielten. Doch als weiterer Beweis für die Glaubwürdigkeit der Bibel wurde nicht Steinigung, sondern Kreuzigung als die Methode vorhergesagt, durch die der Messias sterben würde.

Ich frage Sie: Was hätte es diese Leute denn gekostet, zu sich zu kommen und Jesus als den Sohn Gottes anzuerkennen? Aber dann muss ich auch fragen: Was könnte es Menschen, die ich kenne, schon kosten, sich hinsichtlich Jesus zu besinnen? Heute wie damals verhärteten Männer und Frauen ihre Herzen gegen das, was denen, die sich der Wahrheit öffnen, auch offensichtlich ist. Die Zeugnisse Christi sind für alle sichtbar, die sie sehen wollen. Je mehr Licht aufleuchtet, desto mehr muss das menschliche Herz verhärtet werden, um es zu verschmähen.

Lebensverändernde Lektionen

Wir dürfen diesen tief aus dem Herzen aufsteigenden Leidensruf unseres Heilands nicht verlassen, ohne zuvor dessen Folgen für unser Verständnis und unsere Anbetung gewürdigt zu haben.

Der erste Zweck des Kreuzes betraf nicht uns, sondern Gott. Ja, Jesus vergoss sein Blut für uns, aber es ist sogar noch richtiger zu sagen, dass er sein Blut für Gott vergoss. Als das Blut an die Türpfosten der Häuser in Ägypten gestrichen wurde, da geschah das zum Besten der Familien, aber es wurde auch für Gott dorthin gestrichen. Jahwe hatte gesagt: »*Wenn ich das Blut sehe, dann werde ich an euch vorübergehen*« (2Mo 12,13). Ob die Mitglieder der Familie größere oder geringere Sünden begangen hatten, spielte keine Rolle; wenn der Engel des Todes das Blut sah, dann wurde dieses Haus vom Gericht ausgenommen.

Der Tod Christi war »*ein Opfer, Gott zu einem duftenden Wohlgeruch*« (Eph 5,2). Paulus sagt, Christus sei gestorben, um Gottes Gerechtigkeit zu zeigen (Röm 3,25). Gott hatte Gemeinschaft mit alttestamentlichen Heiligen, obwohl sie noch keine endgültige Vergebung ihrer Sünde hatten. Das hätte man so verstehen können, als habe er seine Maßstäbe gelockert und übersähe ihre Übertretungen. Also musste Jesus sterben, um zu zeigen, dass Gott gerecht ist. Er konnte die Sünden sogar seiner engsten Freunde (Abraham etwa) nicht übersehen. Daher plante der Vater das Leiden des Sohnes. John Piper schrieb: »Niemals zuvor oder seither hat es ein solches Leid gegeben, denn bei all seiner grauenvollen Strenge war es ein geplantes Leid. Es wurde von Gott dem Vater geplant und von dem Sohn angenommen.«[9]

Kennen Sie die Geschichte von dem Mann, der wegen der Übertretung einer Geschwindigkeitsbegrenzung vor den Richter geführt wurde? Das Bußgeld wurde auf 100 Dollar festgesetzt, aber der Mann hatte kein Geld, um es bezahlen zu können. Aus reinem Mitgefühl tat der Richter, was er nicht tun musste. Er verließ die Richterbank, zog seine Robe aus, stellte sich neben den Verurteilten, nahm eine 100-Dollar-Note aus der Tasche und legte sie auf den Tisch. Dann zog er seine Robe wieder an, ging die Stufen zu seinem Pult wieder hinauf, beugte sich nach vorne, nahm den Geldschein, den er dort hingelegt hatte, und sagte zu dem Verurteilten: »Danke. Ihre Schuld ist beglichen.« Geradeso bezahlte Gott-Sohn bei Gott-Vater für die, die das Geschenk des ewigen Lebens annehmen werden. Man erzählte mir, in einer italienischen Kirche gebe es ein Kreuzigungsbild, auf dem hinter der Abbil-

dung Christi eine riesige Figur schemenhaft zu sehen sei. Der
Nagel, der die Hand Jesu durchstach, durchbohrt die Hand
Gottes. Der Speer, der Jesus in die Seite gestoßen wurde, fährt
in die Seite Gottes. Luther sagte, wenn es nicht wahr ist, dass
Gott für uns starb, sondern dass am Kreuz nur ein Mensch
starb, dann sind wir verloren.

In einem meiner Lieblingslieder schrieb Charles Wesley
Worte, die hinsichtlich ihrer Bedeutung zum Verständnis des
Kreuzes und der Theologie nicht zu überschätzen sind:

»Wär's möglich, dass ich haben sollt
Anteil an meines Heiland's Blut?
Starb er für mich, von wo sein Schmerz?
Für mich, den Quell der Todesglut?
Oh Wunderliebe, wie kann's sein,
Dass du, Gott, für mich starbst allein?«[10]

Dass du, Gott, für mich starbst allein! Natürlich, Gott kann
nicht sterben, wenn wir unter dem Tod eine gewisse Form der
Vernichtung verstehen. Wenn jedoch der Tod als eine Scheidung oder Zerteilung definiert wird (für uns die Trennung von
Geist und Leib), dann starb hier Gott in dem Sinn, dass Jesus
Christus von Gott getrennt wurde. »Gott, sterbend für den
Menschen«, schrieb P. T. Forsyth, »ich scheue mich nicht vor
diesem Ausdruck; ich kann es nicht anders sagen. Gott stirbt
für Menschen, und für welche Art Menschen – feindselige,
bösartig feindselige Menschen.« Und er fährt fort: »[Gott]
muss Strafe entweder vollstrecken oder erleiden. Und er wählte den zweiten Weg.«[11]

Rufen wir uns ins Gedächtnis zurück, dass Jesus von Gott
verlassen wurde, damit wir von ihm angenommen würden.

Halten wir uns an dieses Versprechen: »*Ich will dich nicht versäumen noch verlassen*« (Hebr 13,5). Paulus versichert uns, dass nichts uns trennen kann von der Liebe Christi (Röm 8,35-39).

Jesus ging durch die Finsternis, damit wir Licht hätten. Er wurde verflucht, damit wir gesegnet würden. Er wurde verdammt, damit wir in die Lage versetzt würden zu sagen: »*Also gibt es jetzt keine Verdammnis für die, welche in Christus Jesus sind*« (Röm 8,1). Er litt die Hölle für uns, damit wir uns mit ihm des Himmels erfreuen könnten. »Er ging in die furchtbare Finsternis«, schrieb Pink, »damit ich im Licht wandeln möge; er leerte den Kelch des Leides, damit ich vom Kelch der Freude trinken könnte; er wurde verlassen, damit mir vergeben sei!«[12] Die Sünde hatte sich in ihn verbissen wie eine widerliche Schlange, aber er ertrug den Biss für uns. Wir können uns hinter der Mauer seiner Gnade verbergen und dürfen wissen, dass wir vor dem Zorn sicher sind.

»Ohne das Kreuz«, schrieb Spurgeon, »gäbe es eine Wunde, für die es kein Heilmittel gibt, eine Qual, die kein Balsam lindern könnte.«[13] Die Sünde fordert immer ihren Lohn. Entweder trägt Jesus unsere Sünde, oder wir tragen sie. Wenn Gott sein Antlitz von seinem geliebten Sohn abwandte, als er ihn als Sünder erachtete, dann können wir sicher sein, dass er sich von jedem Sünder ebenso abwenden wird, der um seiner eigenen Sünden willen vor den Schranken des Gerichts steht. Entweder sind wir durch seine Verwerfung gerettet, oder wir müssen in alle Ewigkeit unsere eigene Verwerfung tragen. Wenn die, die in der Hölle sind, rufen sollten: »Warum hast du mich verlassen?«, dann wird der Himmel in Schweigen verharren, denn sie empfangen den gerechten Lohn für ihre Taten.

Paulus beschreibt die zukünftige schreckliche Erfahrung jener, die sich nicht unter dem Werk Jesu am Kreuz bergen:

»Sie werden Strafe leiden, ewiges Verderben vom Angesicht des Herrn und von der Herrlichkeit seiner Stärke« (2Thes 1,9). Versuchen Sie, sich ewige Trennung vorzustellen; ewige Trennung von dem, der selbst die Quelle aller Schönheit und Güte ist und die Quelle des Lebens und der Liebe. Christus wird sagen: *»Ich habe euch niemals gekannt. Weicht von mir, ihr Übeltäter«* (Mt 7,23).

Ein Mann, der Gott nicht achtete, lag in einer kleinen Kammer im Sterben. Als sich seine letzten Atemzüge näherten, bat er seine Tochter, die Kerze auszublasen, die auf dem Tisch stand. Sie sagte: »Nein, Papa, du kannst nicht in der Finsternis sterben.« Er aber erwiderte: »Doch, ich will in der Finsternis sterben.« Er starb, wie er gelebt hatte – Leben in der Finsternis, Sterben in der Finsternis.

An denen, die in Christus sterben, ist die Finsternis vorübergegangen. *»Gott ist Licht, und in ihm ist gar keine Finsternis«* (1Jo 1,5). Leb' im Licht; stirb im Licht. Es ist nicht verwunderlich, dass wir anbeten. Es ist nicht verwunderlich, dass wir gehorchen. Es ist nicht verwunderlich, dass wir dienen. Ich bin froh, dass Charles Wesley vor der gewagten Behauptung nicht zurückwich:

»Oh Wunderliebe, wie kann's sein,
Dass du, Gott, für mich starbst allein?«

5

SEIN AUSDRUCK
DES LEIDENS

»Mich dürstet!«
Johannes 19,28

Stellen Sie sich das einmal vor – das Wasser des Lebens
spricht: *»Mich dürstet!«*

Im Jahr 1968 hielt ich mich als Student in Israel auf. Zusammen mit einigen Freunden stiegen wir bei nahezu 40 Grad
im Schatten zur Festung Masada auf. Der Pfad, den der antike Historiker Josephus als »Schlangenpfad« beschrieben hat,
windet sich an den Flanken eines hohen Berges empor. Wir
hatten völlig unterschätzt, wie viel Wasser wir für den stram-
men, dreistündigen Aufstieg benötigen würden. Niemals zuvor oder seither habe ich solch brennenden, entkräftenden,
nervenzehrenden Durst verspürt.

Aber diesen Durst kann man überhaupt nicht mit dem
Durst der Kreuzigung vergleichen, denn die Kreuzigung ist
ein langsamer, schleppender Prozess zunehmender Dehydration.[1] Angefangen von Gethsemane, wo Jesus schwitzte, als

seien es große Blutstropfen, bis zu seiner Verhaftung; von seinen Verhandlungen vor Hannas und Kaiphas bis zu der Nacht im Gefängnis; von einer neuen Reihe von Verhandlungen am Morgen bis zur Geißelung und zum erzwungenen Schleppen seines Kreuzes – all das trieb die Flüssigkeit aus seinem Körper. Als er am Kreuz hing, war da nur noch ein Minimum an Feuchtigkeit. Man sagte mir, in der schwedischen Sprache seien die Wörter »Durst« und »Feuer« eng miteinander verwandt. Wer wirklich schon einmal richtig Durst gelitten hat, wird es bestätigen: Durst kann im Mund wie Feuer brennen.

Wie kann der Schöpfer von Flüssen und Meeren vor Trockenheit aufgesprungene, rissige Lippen haben? Wie kann Allmacht lechzen nach einem Becher Wasser? Wie kann der, der durch sein Wort den Wassern befahl, sich zu sammeln, sich sehnen nach ein paar erfrischenden Tropfen? Oh ja, in den Händen dieses Mannes, der da dürstet, liegt alle Macht im Himmel und auf Erden. Er wirkte Wunder für andere, aber er wollte nicht ein einziges für sich selbst tun. Er weigerte sich, Steine in Brot zu verwandeln, während er in der Wüste hungerte, und nun weigert er sich, Wasser zu schaffen, während er am Kreuz durstet. Er hat uns gelehrt zu leben; nun will er uns lehren zu sterben.

Der einfache Satz »Mich dürstet« hat viel zu bedeuten. Er spricht für alle, die dürsten; für alle mit unerfüllten Sehnsüchten. Die Wassertropfen, nach denen er sich sehnte, werden für uns zu Segensschauern. Denken wir ein wenig darüber nach, was diese Worte für ihn bedeuteten und was sie für uns als seine Jünger bedeuten.

Die Menschlichkeit Jesu

Sein Durst beweist, dass er in der Tat voll und ganz ein Mensch war. Während es in unserer Gesellschaft vielen schwer fällt zu glauben, dass Jesus Gott war, kämpfen wir Evangelikale innerlich damit, seine vollkommene Menschlichkeit zu akzeptieren. Es scheint etwas Anstößiges darin zu liegen, dass Jesus vollkommen Mensch wurde, sogar in dem Punkt, dass er müde wurde und es ihn dürstete. Doch die Bibel versichert uns, dass er als Kind aufwuchs; er aß, er trank, er ermüdete und er schlief. Er erzürnte über Ungerechtigkeit, und er weinte, wenn ihn die Anteilnahme überwältigte.

Die Definition des Konzils von Chalcedon (451 n.Chr.) bestätigt, dass Christus »wahrer Gott und wahrer Mensch« war, der beide Naturen in einer Person vereinigte. Er war nicht einfach nur eine Erscheinung Gottes, sondern vielmehr »wahrer Gott vom wahren Gott«, wie es das nicäische Glaubensbekenntnis ausdrückt. Doch er war auch Mensch, mit einem menschlichen Körper, menschlicher Seele und menschlichem Geist. Als Gott konnte er sagen: »*Wahrlich, wahrlich, ich sage euch: Ehe Abraham war, bin ich*« (Joh 8,58). Als Mensch konnte er sagen: »*Mich dürstet*« (Joh 19,28). Gott-Vater hatte keinen Durst, Engel ebenso wenig. Hier war der Durst eines sterbenden Menschen.

Wir können es uns nicht anders denken, als dass sein Durst nicht nur einfach das körperliche Verlangen nach einem Schluck Wasser war. Die schwere Prüfung seiner Seele beeinflusste seinen Leib, wie sie auch in seiner Qual aneinander Anteil nahmen. »*Ein fröhliches Herz bringt gute Besserung, aber ein niedergeschlagener Geist dörrt das Gebein aus*« (Spr 17,22). Pink sagte: »Sein Durst war *die Folge* seiner Seelenqual in der Hitze des Zornes Gottes.«[2] Der Durst Jesu war Ausdruck seines sehnsüchtigen Verlangens, nach drei Stunden grauenvoller Trennung wieder in die Gemeinschaft mit Gott zurückzukehren. David schrieb: »*Wie eine Hirschkuh lechzt nach Wasserbächen, so lechzt meine Seele nach dir, o Gott! Meine Seele dürstet nach Gott, nach dem lebendigen Gott: Wann werde ich kommen und erscheinen vor Gottes Angesicht?*« (Ps 42,2-3). Jesu Durst nach der Gegenwart des Vaters dürfte viel stärker gewesen sein als sein Durst nach Wasser.

David hatte die Seelenqual Jesu vorausgesagt: »*Wie Wasser bin ich hingeschüttet, und alle meine Gebeine haben sich zertrennt; wie Wachs ist mein Herz geworden, zerschmolzen in meinem Inneren. Meine Kraft ist vertrocknet wie eine Scherbe, und meine Zunge klebt an meinem Gaumen; und in den Staub des Todes legst du mich*« (Ps 22,15-16). Jesus kennt die Bedeutung des Wortes *Pein* nicht nur, wie ein Arzt eine Krankheit kennt, sondern als ein Mensch, der an tiefen Fleischwunden und ausgedörrter Kehle gelitten hat. Die Engel hätten ihm mit Freuden Wasser gebracht, aber er will die Dehydration, das Austrocknen seines Körpers, durchleiden.

Er dürstete danach, uns vor dem ewigen Durst zu erretten.

Der Gehorsam Jesu

Warum schuf Jesus nicht einen Wasserstrom, der seinen ausgedörrten Rachen durchflutete? Warum bemühte er sich, nur Minuten vor seinem Tod zu sagen: »*Mich dürstet*«? Es gab da noch eine Weissagung, die erfüllt werden musste. Jahrhunderte zuvor hatte David geschrieben: »*Und sie gaben mir zur Speise Gift, und in meinem Durst tränkten sie mich mit Essig*« (Ps 69,22). Es war ihm noch kein Essig gegeben worden, und Jesus, der wusste, dass diese Einzelheit nicht vergessen werden durfte, rief danach, so dass es noch erfüllt würde. Wir lesen: »*Danach, da Jesus wusste, dass alles schon vollbracht war, spricht er, damit die Schrift erfüllt würde: Mich dürstet*« (Joh 19,28).

Ein Soldat reagierte auf den Ruf Jesu und erfüllte die Prophetie. »*Es stand nun dort ein Gefäß voll Essig. Sie aber füllten einen Schwamm mit Essig und legten ihn um einen Ysop und brachten ihn an seinen Mund*« (Joh 19,29-30). Jesus hing am Kreuz nur knapp einen Meter über dem Boden. So dürfte es einem Soldaten leicht gefallen sein, ihm den Schwamm auf dem Ysopzweig an den Mund zu halten. Dieser Essig war der minderwertige Wein der Soldaten, und er wurde ihm nur gegeben, um seine Lippen zu befeuchten, aber das erfüllte die Weissagung.

Er sagte nicht »Mich dürstet«, damit sein rasender Durst gestillt würde. Er rief es aus, damit die Heilige Schrift Erfüllung fand. F. W. Grant schrieb: »Der schreckliche Durst der Kreuzigung kommt über ihn, aber das genügt nicht, die aufgesprungenen Lippen zum Sprechen zu bewegen. Aber es steht geschrieben: ›*In meinem Durst gaben sie mir Essig zu trinken*‹ – das öffnete ihm die Lippen.«[3] Jede Einzelheit einschließlich der Art des Getränks musste so geschehen, wie es vorausgesagt war. Der Soldat konnte ihm kein Wasser geben, und auch junger Wein konnte es nicht sein. Wenn die Prophetie Essig vorschrieb, musste es Essig sein.

Hätten wir Jesus Wasser gegeben, wenn wir dabei gewesen wären? Wir meinen, ja, ganz sicher hätten wir das getan. Aber er lehrte uns, dass wir auch heute dieses Vorrecht haben:

»*Kommt her, Gesegnete meines Vaters, erbt das Reich, das euch bereitet ist von Grundlegung der Welt an; denn mich hun-*

*gerte, und ihr gabt mir zu essen; mich dürstete, und ihr gabt mir
zu trinken … Wahrlich, ich sage euch, wenn ihr es einem der
geringsten dieser meiner Brüder getan habt, habt ihr es mir getan«* (Mt 25,34-35.40).

Wenn wir einem Glied der Familie Jesu einen Becher voll
kühlen Wassers reichen, dann reichen wir diesen Becher in
Wahrheit ihm!

Jesu brennender Durst spricht von der Tiefe seines Gehor-
sams gegenüber dem Wort Gottes. Jesus trat hinter allem zurück, was jemals geschrieben wurde; er erkannte den Plan an,
dem er und der Vater einmal zugestimmt hatten. Wir müssen
uns fragen, ob wir darauf vorbereitet sind, ihm so zu gehorchen, wie er dem Vater gehorchte. Sind wir bereit, mit unerfüllten Bedürfnissen zu leben, auch unter glühendem Durst zu
leiden? Hat unsere Bequemlichkeit in unseren Augen einen
höheren Wert als der Wille des Vaters? Ist unser geistlicher
Durst nach Gott ebenso groß wie unser körperlicher Durst
nach einem Glas kühlen Wassers in der prallen Sonne?

Wir alle haben uns schon einer Sache oder Person beraubt
gesehen, und wir waren gewiss überzeugt, ohne sie nicht mehr
leben zu können. Eine gerade verwitwete Frau sagte mir, sie
wisse nicht, wie es ohne ihren Mann weitergehen solle. Ein
Mann, der um sein Erbe betrogen worden war, sagte, er wisse
nicht, ob er – des Geldes beraubt, dass rechtmäßig ihm gehörte – in die Zukunft blicken könne. Ein anderer zürnte, weil
ihm die medizinische Versorgung nicht gewährt wurde, die er
für angemessen hielt. Nichts von alledem ist vergleichbar mit
dem Wassermangel, den der Gekreuzigte erleidet.

Wir haben alle schon festgestellt, dass es nicht viel
braucht, um unsere Gemeinschaft mit Gott zu stören. Ein un-

erfreulicher Anruf; die Notwendigkeit, die Einladung zu einem Essen abzusagen; ein körperlicher Schmerz – das alles kann uns bewegen zu fragen, ob Gott uns verlassen hat. Wir nörgeln, wenn wir kein Wasser haben, obwohl wir doch in Wirklichkeit einen Kelch voll des Zornes Gottes verdienen.[4]

Jesus war dem Willen des Vaters gehorsam, wie es im Wort des Vaters aufgeschrieben ist. Es spielte für ihn keine Rolle, ob es erfreulich war oder qualvoll. Die Herrlichkeit des Vaters überschattete alles Leiden, allen Schmerz und alle Ungerechtigkeit. Paulus schrieb: »*Jeder von uns gefalle dem Nächsten zum Guten, zur Erbauung. Denn auch der Christus hat nicht sich selbst gefallen, sondern wie geschrieben steht: Die Schmähungen derer, die dich schmähen, sind auf mich gefallen*« (Röm 15,2-3). Nicht unser Wille ist wichtig, sondern der Wille Gottes.

Das Mitgefühl Jesu

Ich habe zahllose Stunden mit dem Versuch verbracht, eine intellektuelle Antwort auf das Problem des Bösen zu finden. Ich habe die Ausführungen der tiefgründigsten Geister gelesen, die versucht haben, die Leiden dieses Planeten mit der Liebe Gottes und seiner Sorge für die Welt in Einklang zu bringen. Aber auch, wenn ich eine Antwort finde, die mir sinnvoll erscheint, befriedigt sie nicht mein Herz – besonders dann nicht, wenn ich selbst der Leidende bin.

Ich weiß, dass Gott mich sieht. Ich bin mir bewusst, dass er alle Dinge weiß – das ist ein Artikel der Fundamentaltheologie. Was ich aber wirklich wissen möchte, ist, ob Gott meine Qual empfindet. Wenn wir am Fuß des Kreuzes stehen, brauchen wir uns das nicht mehr zu fragen. Jesus fühlte die Qual der Ablehnung, die Qual der Ungerechtigkeit und auch den quälenden Durst.

> *»Denn wir haben nicht einen Hohenpriester, der nicht Mitleid haben könnte mit unseren Schwachheiten, sondern der in allem in gleicher Weise wie wir versucht worden ist, doch ohne Sünde. Lasst uns nun mit Freimütigkeit hinzutreten zum Thron der Gnade, damit wir Barmherzigkeit empfangen und Gnade finden zur rechtzeitigen Hilfe«* (Hebr 4,15-16).

Das ist der Beweis dafür, dass Jesus nicht gegen die üblichen Leiden des Menschseins immun war.

Christus war in unsere Welt gekommen; er hat teilgehabt an unseren Leiden. Er wanderte über die Erde, aß unsere Nahrung, trank unser Wasser und fühlte unsere Schmerzen. Was wir auch heute erleben mögen – wir dürfen mit Überzeugung sagen, dass Jesus all das und noch viel mehr erlebt hat. Gott war in unsere leidvolle Welt gekommen.

Haben wir körperliche Schmerzen? Erinnern wir uns an diesen glühenden Durst.

Ist unsere Würde verletzt worden? Er wurde nackt gekreuzigt.

Fühlen wir uns von Finsternis umgeben? Er durchlitt auch das.

Fühlen wir uns verlassen? Er wurde verlassen vom Vater.

Jesus, der sündlose Sohn Gottes, war natürlich vollkommen. Interessanterweise konnte er bei seinem Wirken nur dadurch vollkommen handeln, dass er dem Willen des Vaters absolut gehorsam war. Und, was noch wichtiger war, der Wille des Vaters musste Leiden einschließen. *»Denn es geziemte ihm, um dessentwillen alle Dinge und durch den alle Dinge sind, indem er viele Söhne zur Herrlichkeit führte, den Urheber ihrer Errettung durch Leiden vollkommen zu machen«* (Hebr 2,10). Wenn

Jesus des Leidens bedurfte, um den Willen Gottes vollkommen zu erfüllen, warum sollten wir davon befreit sein?

Der Durst, die Qualen und wir

Eines der ersten Lebenszeichen ist Durst. Wir alle werden durstig geboren, wie jede junge Mutter weiß. Aber so, wie wir mit körperlichem Durst in diese Welt kommen, so entsteht in unserer Seele ein geistlicher Durst. Im sechzehnten Jahrhundert schrieb Henry Scougal: »Die Seele des Menschen ... trägt in sich einen rasenden, unauslöschlichen Durst.«[5] Dieser Durst kann nur gestillt werden, wenn wir uns Gott übergeben. Es gibt in uns einen Durst nach Gemeinschaft – nicht nur mit anderen Menschen, sondern mit dem Gott, der uns geschaffen hat. Das ist auch verständlich, denn wir sind zu seiner Freude geschaffen.

Manche Menschen sind entschlossen, diesen Durst mit Alkohol, Sex, Geld oder Macht zu löschen. Andere bauen ihre Existenz auf Medikamente, weil sie die Qual ihrer eigenen Leere nicht ertragen. Manche füllen ihr Leben mit Spaß, indem sie versuchen, durch fortwährendes Hervorrufen des körperlichen Lustgefühls ihr Leben durchzustehen. All diese Wasserlöcher bieten die Illusion des Nährens, aber sie impfen den Menschen nur und halten ihn von dem wirklichen Wasser fern. »Mich, *die Quelle lebendigen Wassers, haben sie verlassen, um sich Zisternen auszuhauen, rissige Zisternen, die das Wasser nicht halten*« (Jer 2,13). Je reicher eine Gesellschaft ist, desto mehr zerbrochene Zisternen locken die Ahnungslosen.

Die Frage ist nicht, ob wir durstig sind – das sind wir alle –, sondern wie *lange* wir Durst haben werden. Wir haben schon alle darüber spekuliert, wie es für die sein muss, die in die Hölle kommen. Wenn sie in der Lage sind zu sprechen – was werden sie sagen? Jesus erzählte eine Geschichte, um zu zeigen, wie sich das Glück des Reichen und des Armen in der Ewigkeit umkehrt. Er sagte, es sei ein Bettler namens Lazarus gewesen, der die Krumen unter dem Tisch des Reichen aß. Als sie beide starben, ging der reiche Mann an den Ort der Qual, und Lazarus kam zum Ort der Seligkeit. Lazarus fand sich in Gesellschaft Abrahams.

Nun hatte der reiche Mann keine Zeit für Lazarus gehabt, als sie beide noch in dieser Welt waren. Aber nun, in der Ewigkeit, sagte er zu Abraham: »*Vater Abraham, erbarme dich meiner und sende Lazarus, dass er die Spitze seines Fingers ins Wasser tauche und meine Zunge kühle; denn ich leide Pein in dieser Flamme*« (Lk 16,24). Was *sagen* Menschen im Hades (die vielleicht in die Hölle geworfen werden)? Vom Feuer gequält rufen sie aus: »Mich dürstet!«

Matthew Henry beschrieb es so: »In der Beschwernis des reichen Mannes, der um einen einzigen Tropfen Wasser zum Kühlen seiner Zunge bettelte, werden die Qualen der Hölle durch einen gewaltigen Durst dargestellt. Zu diesem ewigen Durst wären wir alle verdammt, wenn Christus nicht am Kreuz gelitten hätte.«[6] Die Hölle, das sind gesteigerte Wünsche bei gleichzeitig verminderter Erfüllung. Hölle, das sind die entflammten Bedürfnisse des Leibes ohne jede Möglichkeit des Trinkens. Die Hölle, das ist die Erinnerung an das lebendige Wasser, dessen wir uns auf der Erde hätten erfreuen können, das uns in den Himmel gebracht hätte. Die Hölle, das ist ein Feuersee, ein Ort grenzenlosen, unstillbaren Durstes.

Aber Jesus litt an vor Durst aufgesprungenen Lippen, damit wir von den Quellen des Heils trinken könnten. Er litt den Durst der Hölle, damit ihre Feuer für uns ausgelöscht würden. Über die im Himmel lesen wir: »*Sie werden nicht mehr hungern, auch werden sie nicht mehr dürsten, noch wird die Sonne auf sie fallen noch irgendeine Glut; denn das Lamm, das in der Mitte des Thrones ist, wird sie hüten und sie leiten zu Wasserquellen des Lebens, und Gott wird jede Träne von ihren Augen abwischen*« (Offb 7,16-17).

Jesus trank vom Kelch des Todes, damit wir in die Lage versetzt würden, vom Kelch des Lebens zu trinken. Er trank den Kelch des Zorns, damit wir uns des Kelches der Segnung erfreuen könnten. »Komm zu dem dürstenden Christus am Kreuz, und deine Seele wird nie wieder dürsten.«[7] Nimm jetzt einen Schluck lebendigen Wassers, und du wirst dich seiner ewig erfreuen.

»Es gab drei Kelche auf Golgatha«, sagt Warren Wiersbe.[8] Der erste Kelch wurde Jesus dargeboten, als er das Kreuz erreichte. »*Und als sie an einen Ort gekommen waren, genannt Golgatha, das heißt Schädelstätte, gaben sie ihm mit Galle vermischten Wein zu trinken; und als er davon gekostet hatte, wollte er nicht trinken*« (Mt 27,33-34). Das hier für *Galle* verwendete Wort hat viele Bedeutungen. In diesem Zusammenhang bezieht es sich auf ein giftiges Kraut, möglicherweise Opium. Es war ein Wein, der mit Galle vermischt war. Er diente als Beruhigungsmittel zur Linderung der Schmerzen. Das war der Kelch der *Wohltat*, den er verweigerte.

Der zweite Kelch war der Kelch der *Anteilnahme*. Als Jesus rief: »*Mich dürstet*«, tunkte ein Soldat einen Schwamm in Essig, steckte ihn auf einen Ysopzweig und führte ihn an seinen Mund. Anscheinend berührte der feuchte Schwamm nur seine Lippen.

Aber an diesem Tag gab es noch einen dritten Kelch auf Golgatha. Es war der Kelch der *Sünde*, den Jesus bis zur Neige leerte. »*Mein Vater, wenn es möglich ist, so gehe dieser Kelch an mir vorüber; doch nicht wie ich will, sondern wie du willst*« (Mt 26,39). Als dann Petrus sein Schwert zog, um seinen Meister zu verteidigen, tadelte ihn Jesus: »*Stecke dein Schwert in die Scheide! Den Kelch, den mir der Vater gegeben hat, soll ich den nicht trinken?*« (Joh 18,11). Das war der Kelch des Zornes Gottes, gefüllt bis an den Rand.

Das erklärt, warum Jesus das Beruhigungsmitel verweigerte: Er wollte diesen Kelch vollständig und bei vollem Bewusstsein austrinken, ohne einen einzigen Tropfen zu verlieren. Das war der Kelch, den er fürchtete und doch an die Lippen führte. Das war der Kelch der Sünde, in einem Zug geleert für Sie und für mich.

»*In unserm Kelche Fluch und Tod,*
Oh Christus, gefüllt für dich!
Zur Neige trankest du ihn aus
Geleert ist er nun für mich.«[9]

Zu einem früheren Zeitpunkt seines Wirkens hatte dieser Jesus, der jetzt durstete, ausgerufen: »*Wenn jemand dürstet, so komme er zu mir und trinke. Wer an mich glaubt, wie die Schrift gesagt hat, aus dessen Leibe werden Ströme lebendigen Wassers fließen*« (Joh 7,37-38). Er konnte der Frau am Jakobsbrunnen lebendiges Wasser versprechen, weil er wusste, dass er selbst ihren Durst ertragen würde. »*Jeden, der von diesem Wasser trinkt, wird wieder dürsten; wer aber von dem Wasser trinken wird, das ich ihm geben werde, den wird nicht dürsten in Ewigkeit; sondern das Wasser, das ich ihm geben werde, wird in ihm eine Quelle Wassers werden, das ins ewige Leben quillt*« (Joh 4,13-14).

»Mein Jesus, dürstend, voller Qual,
Aus Wunden fließt dein Lebensblut,
Du dürstest sehr, aus Liebesglut;
Erhöre uns nun, Herrr Jesus.

Dürstend für uns in Gnade sehr;
Dein heilig Werk werd' ganz erfüllt;
Dein Liebeswille werd' gestillt;
Erhöre uns nun, Herrr Jesus.

Dürsten wir deiner Liebe nach;
Dass Sünd' und Weh zu Ende ist
Wo heilend Wasser für uns fließt:
Erhöre uns nun, Herrr Jesus.«[10]

Kein Wunder, dass die letzte Einladung in der Bibel lautet: *»Und der Geist und die Braut sagen: Komm! Und wer es hört, spreche: Komm! Und **wen dürstet**, der komme! Wer da will, nehme das Wasser des Lebens umsonst«* (Offb 22,17). Die, die zu ihm kommen, den einst dürstete, werden nie wieder durstig sein.

111

6

SEINE PROKLAMATION DES SIEGES

»Es ist vollbracht.«
Johannes 19,30

Sie und ich wurden wie alle anderen Menschen mit einem Verfallsdatum geboren.

Mein Freund Brandt Gustavson und seine Frau Mary befanden sich auf einer Kreuzfahrt, als er krank wurde und im nächsten Hafen zum Arzt ging, um sich untersuchen zu lassen. Dort wurde ihm geraten, so bald wie möglich in die Vereinigten Staaten zurückzufliegen, um die Diagnose bestätigen zu lassen: Bauchspeicheldrüsen- und Leberkrebs. Die Ärzte gaben ihm noch zwei Monate zu leben, und sie behielten Recht. Brandt, immer ein Realist, entschloss sich, die ihm noch verbleibenden Wochen zu nutzen, um alles für seinen bevorstehenden Tod vorzubereiten und seine Beerdigung zu planen. Er verschwendete keine Zeit, um nach irgendwelchen exotischen, Rettung versprechenden Heilverfahren zu suchen. Wenn Gott überhaupt nicht wollte, dass er jetzt starb, dann hätte er den

Krebs verhindern können. Brandt war froh zu wissen, wann er sterben würde. So konnte er seiner Familie und seinen Freunden noch viel Liebe geben und auch von ihnen empfangen. Er starb ohne Bedauern, und er hatte sein Wirken zum Abschluss gebracht.

Sie und ich mögen vielleicht nicht in die Lage versetzt werden, genau zu wissen, wann wir von diesem Leben in das nächste hinübergehen werden. Aber ob wir darauf vorbereitet sein werden oder nicht, der Tod wird uns ereilen, allmählich oder plötzlich. An jenem Tag wird die unausweichliche Frage lauten: Haben wir zu Ende gebracht, was Gott uns aufgetragen hatte? Oder haben wir so gelebt, wie es uns gefiel, nur mit einem ehrerbietigen Neigen des Kopfes in Richtung Gott? Wie viele Gelegenheiten, die Gott uns geschenkt hat, wurden verschleudert, und wie viele ließen wir unvollendet? Und was haben wir unternommen, um vor dem Richterstuhl Christi nicht beschämt zu werden? Wir können es abstreiten, so viel wir wollen, wir alle werden Rechenschaft ablegen müssen.

Natürlich hoffen wir alle, sagen zu können, dass wir die Aufträge Gottes erledigt haben. Aber nur Jesus konnte diese Worte mit absoluter Wahrhaftigkeit aussprechen. Er starb in der Gewissheit, dass seine Aufgabe vollkommen und ewig abgeschlossen war. Er starb ohne das geringste Bedauern. Er brauchte nicht mehr Zeit, um noch eine weitere Predigt zu halten, noch einen weiteren Gelähmten zu heilen oder noch einen weiteren Laib Brot zu erschaffen. Er war erst 33, aber er hatte seine Aufgaben bis auf den letzten Buchstaben erfüllt. Alles Weitere wäre über seine Berufung hinausgegangen.

Der sechste Ausspruch, »Es ist vollbracht«, folgte unmittelbar auf das leidvolle »Mich dürstet« und dem »Mein Gott, mein

Gott, warum hast du mich verlassen?« (Mt 27,46; Mk 15,34; Joh 19,28.30). Obwohl seine Erdenzeit erschütternd endete, konnte er in dem befriedigenden Wissen sterben, dass der Zweck seines Kommens erfüllt worden war.

In diesen Worten liegt die Gewissheit unseres Heils, das sichere Wissen, dass unsere persönliche Schuld beim Vater durch einen anderen bezahlt worden ist. Natürlich musste Jesus noch begraben werden, wieder auferstehen und in den Himmel auffahren. Aber das waren Selbstverständlichkeiten. Das schwere Leiden, die harte Absonderung aus der Gegenwart Gottes, die Erschwernis, als Sünder behandelt zu werden – all das war vorüber. Es war nichts übrig geblieben, was er im Fleisch für Gott tun konnte.

Ein sterbender Mann erzählte mir: »Ich habe mein ganzes Leben für mich selbst gelebt, und nun muss ich Gott gegenübertreten.« Ich versicherte ihm, dass Jesus ohne Bedauern starb, damit er unsere Übertretungen vergeben könne. Er vollendete sein Werk, damit wir ungeachtet unseres unvollendeten Wirkens in den Himmel eingehen könnten. Er erfüllte erfolgreich Gottes Maßstäbe, um unsere Mängel wettzumachen. Sicherlich sollten wir unser ganzes Leben für Gott leben. Aber wie der Schächer am Kreuz, können auch solche, die keine guten Werke aufzuweisen haben, das Geschenk des ewigen Lebens empfangen.

Der Satz *»Es ist vollbracht«* ist im Griechischen nur ein einziges Wort: *tetelestai*. Im 19. Jahrhundert sagte der Prediger Charles Haddon Spurgeon, dieses eine Wort »würde alle anderen Wörter benötigen, die jemals gesprochen wurden oder jemals gesprochen werden könnten, wenn man es erklären wollte ... Es ist nahezu unermesslich. Es ist erhaben; ich kann nicht heranreichen. Es ist tief; ich kann es nicht ergründen«.[1]

Wir können es nicht ergründen, aber wir müssen es versuchen.

Das griechische Wort *tetelestai* kommt von dem Verb *teleo*, was so viel wie »zu Ende bringen, abschließen, vollbringen« bedeutet. Es kennzeichnet das erfolgreiche Ende eines bestimmten Handlungsverlaufes. Man könnte dieses Wort verwenden, nachdem man seine Rechnungen bezahlt oder ein Rennen gewonnen hat. Ein Diener, der seinen Auftrag erfüllt hat, könnte das Wort gebrauchen, um seinem Herrn den Erfolgsbericht zu erstatten. Kurz gesagt, es bedeutet, dass etwas erfolgreich abgeschlossen ist, was man sich zu tun vorgenommen hatte.

Es ist hier zu beachten, dass diesem Verb kein bestimmtes Subjekt zugewiesen ist. Mit anderen Worten: Es wird uns nicht ausdrücklich gesagt, *was* »vollbracht« oder »zum Abschluss gebracht« wurde. Es ist jedoch klar: Wenn er sagte, »*es ist vollbracht*«, dann beinhaltete das kleine Wort *es* das ganze Ausmaß unserer Erlösung. Der übrige Text des Neuen Testaments füllt die Lücken und offenbart alles, was wir wissen müssen – alles darüber, was während dieser sechs Stunden am Kreuz vollbracht wurde. Er sprach die Worte mit lauter Stimme (man sieht es in den Parallelstellen Mt 27,50 und Mk 15,37). Er wollte, dass die ganze Welt dieses besondere Wort hörte, das nun schon durch 20 Jahrhunderte nachklingt. Er sagte nicht: »Ich bin fertig«, denn das hätte bedeutet, er sterbe besiegt. Nein, das war nicht sein Ende, sondern der Anfang eines neuen Kapitels seiner ewigen Existenz.

Als Jesus »*Tetelestai!*« rief, da war das der triumphierendste Siegesschrei der ganzen Menschheitsgeschichte. Er machte klar, dass er ein großes, ein gewaltiges Werk erfolgreich zum Abschluss gebracht hatte. Sein Leben auf der Erde endete –

nicht im Versagen, sondern im erfolgreichen Höhepunkt eines ewigen Plans. Das Drehbuch war vor Bethlehem geschrieben worden, und nun schloss sich der Vorhang, nachdem alles am richtigen Platz war (Lk 9,31; Joh 17,4).

Natürlich müssen wir genauer fragen: *Was* war vollbracht? Wir dürfen das Wort nicht auf einen Teil seiner Mission beschränken, sondern wir müssen es als Erfüllung von Gottes großem Heilsplan sehen. Wenn Jesus es nicht vollbracht hätte, wären wir verdammt. Aber dankenswerterweise führte er aus, was er sich vorgenommen hatte.

Sein Leiden war vollendet

Erinnern wir uns: Jesus wurde geboren, um zu leiden. Er begann sein irdisches Wirken anspruchslos in einem Stall in Bethlehem. Seine Krippe war ein Futtertrog und sein Kissen vermutlich blankes Stroh. Im Alter von zwölf Jahren fand man ihn im Tempel, wo er sagte: »*Wusstet ihr nicht, dass ich in dem sein muss, was meines Vaters ist?*« (Lk 2,49). Und diese Aufgabe würde mehr erfordern als nur Predigen und Heilen. Sie schloss die Bezahlung des Preises für unsere Erlösung ein. Zu seinem Auftrag gehörte Leiden, wie er zuvor mit seinem Vater beschlossen hatte.

Obwohl ihn seine engsten Freunde anerkannten, hielt ihn die weitere Gesellschaft bestenfalls für ein Ärgernis, schlimmstenfalls für einen von Dämonen besessenen Unruhestifter. Die religiösen Autoritäten wollten ihn steinigen; andere versuchten, sein wachsendes öffentliches Wirken durch Spott und falsche Anschuldigungen an den Rand zu drängen. Bürger seiner Heimatstadt Nazareth verschworen sich, ihn vom

Felsen herabzustürzen; sie konnten es nicht, weil seine Zeit *»noch nicht gekommen war«* (Joh 7,6). Die Zurückweisung war verletzend.

Das war nun beendet.

Die weltliche Macht Roms scherte sich nicht darum, was er glaubte. Ihre Machthaber waren auch nicht über das beunruhigt, was er von sich behauptete. Sie sahen in ihm nur eine Bedrohung der Stabilität der jüdischen Gesellschaft, die unter ihrer ständigen Kontrolle und Überwachung stand. Sie freuten sich, ihn durch eine Reihe von Scheinverhandlungen zu verurteilen und dann das schmutzige Werk der Kreuzigung an ihm zu vollziehen. Es spielte keine Rolle, ob das Urteil gerecht war – Hauptsache, die jüdischen Führer waren beruhigt. Die Ungerechtigkeit bohrte.

Das war nun vorbei.

Was seine Jünger betraf – die erklärten ihm zwar Treue, aber wenn ihr Engagement für ihn teuer zu werden drohte, zogen sie sich von ihm zurück. Sie wussten, dass es gefährlich und unklug war, jemandes Freund zu sein, der gehasst und verurteilt und gekreuzigt wurde. Judas küsste seine Wange, aber in diesem äußerlichen Liebesbekenntnis lag bitterer Verrat. Die anderen Jünger (mit Ausnahme des Johannes) rannten davon und verbargen sich in der Hoffnung, dass sie nicht die nächsten Zwangsverpflichteten für eine Veranstaltung auf der Schädelstätte sein würden. Ihre Feigheit, als Jesus sie am meisten gebraucht hätte, verursachte Trauer.

Das war nun Vergangenheit.

Am Ort des Verbrechens sehen wir die langen Stacheln des Dornbusches, die in sein Fleisch gepresst wurden. Wir gedenken der Geißelhiebe, als er an einen Pfahl gebunden und ausgepeitscht wurde. Wir erinnern uns, wie er unter dem Gewicht seines eigenen Kreuzes wankte. Wir führen uns die Kreuzigung mit all ihrer Qual und Grausamkeit vor Augen. Wir denken an die Trennung von Gott und an seinen brennenden Durst.

All das lag nun hinter ihm.

Gott sei Dank, sein Leiden war nun beendet. Und obgleich seine Anhänger aus verschiedenen Gründen und auf verschiedene Weise litten, können wir uns ein Herz fassen: Auch unser Leiden wird eines Tages vorüber sein. Was uns auch heute widerfahren mag – ob es unser eigener bevorstehender Tod ist oder eine unbeschreibliche Seelenlast –, eines Tages werden wir in der Lage sein zu sagen: »Es ist vollbracht.« Der Ehefrau, die von ihrem Mann sitzen gelassen wurde; dem Kind, das vom Vater misshandelt wurde; dem, der an einer unheilbaren Krankheit leidet, sagen wir, dass all diese Wunden zu einem Ende kommen werden. Die Frage ist, ob wir in dem sicheren Wissen überwunden haben, dass Trübsale ein Teil des göttlichen Planes sind. Jesus wusste das, und wir müssen das ebenfalls wissen.

Aber hier endeten noch viel mehr als die Leiden Jesu. Er konzentrierte sich auf das Werk, das sein Leiden vollbrachte. Die Mission, die er sich vorgenommen und für die er die Reise vom Himmel zur Erde angetreten hatte, war abgeschlossen.[2] Alle erforderlichen Einzelheiten waren *vollständig und unwiderruflich* ausgeführt worden. Das Leiden brachte für sich betrachtet noch kein Ende; die Qual war vielmehr ein notwendiger Teil des größeren Zieles Gottes. Er war gekommen, um *sein Volk zu erretten von seinen Sünden* (Mt 1,21), und ihr Heil war nun gesichert.

Das Opfer war vollbracht

In alttestamentlicher Zeit fragten sich die Menschen, wann die Opfer aufhören würden. Jene, die im Glauben starben, waren überzeugt, dass die letzte Bezahlung für ihre Sünden noch erbracht werden musste. In der Tat war es den alttestamentlichen Priestern nicht gestattet, im Dienst zu sitzen; das zeigte symbolisch die Tatsache, dass ihr Werk noch nicht getan war. Es gab eine endlose Folge von Opfern, die die Menschen zwar auf zeremonielle Weise reinigten, die aber nicht das Gewissen reinigen konnten. Jedermann wusste, dass ein Tier nicht für ein menschliches Wesen eintreten konnte.

Im Alten Testament brachten die Priester Opfer dar, aber Jesus war sowohl Priester als auch Opfer. Seine Bezahlung bedeckte meine Verschuldung. Oder, wie Warren Wiersbe ausführte: »Er nahm meinen Bankrott und deckte ihn mit seiner Zahlungsfähigkeit.« Er machte nicht einfach eine Anzahlung und erwartete dann, dass ich die fälligen Raten begleichen würde. »*Nun aber ist er ein einziges Mal am Ende der Zeitalter erschienen, um durch sein Opfer die Sünde zu tilgen*« (Hebr 9,26; Jerusalemer).

Wenn in der Antike der Kaufpreis bezahlt worden war und keine Schuld mehr ausstand, schrieb man auf den Kaufvertrag *Tetelestai*, »vollständig bezahlt«. Am Kreuz wurde die Gerechtigkeit Gottes vollkommen befriedigt, als unser himmlischer Stellvertreter das unermessliche Lösegeld bezahlte. Wie Spurgeon es ausdrückte, können wir mit Zuversicht dem Donner des Gesetzes und dem Blitz der Gerechtigkeit entgegensehen, »denn am Kreuz sind wir sicher«.[4] Er bezahlte den Lohn unserer Sünde bis auf den letzten Cent.

Das bedeutet, dass meine Sünden auf Jesus liegen, nicht auf

mir. Oh ja, es ist Sünde *in* mir, aber nicht *auf* mir. Meine sündige Natur unterliegt weiterhin der Verlockung zur Sünde, und sogar in meinen besten Momenten sind meine Werke befleckt von eigensüchtigen Motiven. Aber ich bin rechtmäßig angenommen auf der Grundlage des Verdienstes Jesu. Bildlich gesprochen bin ich völlig neu eingekleidet und im Himmel ein unbeschriebenes Blatt. Die Gerechtigkeit Jesu ist meinem Konto erfolgreich gutgeschrieben worden. Gottes Rechtswesen ist völlig Genüge getan worden; es ist nichts mehr übrig geblieben, was seine Gerechtigkeit uns entgegenschleudern könnte.[5]

Wenn der Hohepriester am Großen Versöhnungstag seine Hand auf den Ziegenbock legte und die Sünden des ganzen Volkes bekannte und dem Bock auferlegte, wurden die Sünden der Menschen rechtmäßig auf das Tier übertragen. Dieser Bock wurde dann in die Wüste gejagt, wo er nie mehr gesehen wurde. Das war ein Symbol für das, was Gott tun würde. Dank Jesus wird Gott »*meiner Sünden und Gesetzlosigkeiten … nie mehr gedenken*« (Hebr 10,17).

»*Jesus beglich, tat alles weg,*
das danke ich ihm heiß;
blutrot war meiner Sünde Fleck,
er wusch wie Schnee mich weiß.«[6]

Satans Niederlage

»*Es ist vollbracht!*«
Dieser Ausruf bedeutet, dass der Same der Frau die widerliche Schlange besiegt hat. Jesus stimmt zu: »*Jetzt ist das Gericht die-*

ser Welt; jetzt wird der Fürst dieser Welt hinausgeworfen werden«
(Joh 12,31). Das Urteil ist gesprochen, aber es wurde noch
nicht vollstreckt.

Wie sehr wünschte ich mir, eine Videokamera wäre in der
Lage gewesen, das Drama aufzuzeichnen, das sich am Tag von
Golgatha in der geistlichen Welt ereignete. Da wurde eine
kosmische Schlacht geschlagen. Der Teufel war da, Gott war
da, Christus war da, und wir waren da. Lesen Sie nur die Worte des Paulus, und ich werde sie sogleich erläutern.

> *»Und euch, die ihr tot wart in den Vergehungen und in der Un-
> beschnittenheit eures Fleisches, hat er mit lebendig gemacht mit
> ihm, indem er uns alle Vergehungen vergeben hat; er hat den
> Schuldschein gegen uns gelöscht, den in Satzungen bestehenden,
> der gegen uns war, und ihn auch aus unserer Mitte fortgeschafft,
> indem er ihn ans Kreuz nagelte; er hat die Gewalten und die
> Mächte völlig entwaffnet und sie öffentlich zur Schau gestellt. In
> ihm hat er den Triumph über sie gehalten«* (Kol 2,13-15).

Denken Sie an eine Szene im Gerichtssaal. Gott ist da, und er
kennt besser als wir das Ausmaß unserer Sünden und unserer
Schuld. Der Teufel, unser Ankläger, kreuzt auf, um seinen
Prozess gegen uns zu führen. Er erinnert Gott daran, dass der
Sünde Lohn der Tod ist (Röm 6,23). Er trägt Gott ganz plau-
sibel vor, dass wir die Plätze des Himmels beflecken würden,
wenn man uns Zugang zu diesen heiligen Räumen gewähren
würde. Er erklärt dem Allmächtigen, ihm könne Gemeinschaft mit unreinen Menschen vorgeworfen werden; das könne Jahwes Heiligkeit und Wahrhaftigkeit in Frage stellen. Der
Böse argumentiert auch damit, dass wir dieselbe Strafe wie er
erleiden müssten – wenn er ewig für seine Sünde leiden müs-

se, warum sollten dann wir, die wir ebenso gesündigt haben, verschont bleiben? Wenn die Größe der Sünde durch die Größe dessen definiert wird, gegen den sie begangen wird, dann sind wir der größten Übertretungen schuldig.

Nun tritt Christus ein.

Paulus sagt, dass er den gegen uns gerichteten Schuldschein »*ans Kreuz nagelte*« (Kol 2,14). Wenn in der damaligen Zeit ein Verbrecher am Kreuz hing, dann musste sein Verbrechen öffentlich bekannt gegeben werden. Die Aufzählung seiner Gesetzlosigkeiten wurde auf eine Tafel geschrieben und über dem sterbenden Mann angenagelt. Wir haben schon gesehen, dass Pilatus den Hinweis »*Jesus von Nazareth, der König der Juden*«[7] am Kreuz befestigt hatte (Joh 19,19), um das Verbrechen anzuzeigen, dessen Jesus beschuldigt wurde.

Das war die Bildersprache, die Paulus benutzte, um uns zu helfen, den Tod Christi um unseretwillen zu verstehen. Er wollte dass wir uns vorstellen, dass sich hoch über den Worten Pilatus' eine Art kosmisches schwarzes Brett befand, auf dem unsere Sünden verzeichnet waren. Auch wenn wir noch gar nicht geboren waren – die Sünden, die wir 2000 Jahre später begehen würden, waren hier angeschrieben. Die Liste beinhaltete alles, was Satan über uns sagte, ebenso wie andere, geheime Sünden, die nur einem allwissenden Gott bekannt waren. Nur er kennt das wirkliche Ausmaß unserer Sünde und den Ernst der Strafe, die sie nach sich zieht.

Wenn Jesus sagt: »Völlig bezahlt«, dann ist die uns zugeschriebene Strafe storniert. Wenn Gott noch eine Bezahlung von uns erwarten würde, nachdem Christus unsere Schuld beglichen hat, wäre er ungerecht. Unsere Schuld wurde so vollständig bezahlt, dass niemals mehr eine weitere Bezahlung fällig wird.

Gott wischt Satans Argumente hinweg, indem er uns ein »Vergeben!« zuspricht. Die Anklagen unseres Feindes sind als arglistig und falsch entlarvt worden. Gott »*hat die Gewalten und die Mächte völlig entwaffnet und sie öffentlich zur Schau gestellt*« (Kol 2,15). So wie Saul zwar seiner Königswürde entkleidet war, David aber dennoch zehn Jahre lang verfolgte, so verfolgt Satan uns, obwohl er von einem größeren als er selbst bereits gestürzt wurde. Nur aus unserer Perspektive scheint es eine Lücke zu geben zwischen dem Sieg Christi über Satan und der finalen Beseitigung des besiegten Widersachers. Blitz und Donner ereignen sich zur gleichen Zeit, aber wir sehen das Licht, ehe wir das Grollen hören. Aus der Perspektive Gottes sind Sieg und Gericht über den Teufel bereits am Kreuz vollendet. Wir haben den Blitz gesehen und warten nun einfach auf das Krachen seines Absturzes.

Dank der Bezwingung Satans haben wir es nun mit einem Reichswechsel zu tun: »*Er hat ... uns errettet aus der Macht der Finsternis und versetzt in das Reich des Sohnes seiner Liebe*« (Kol 1,13). Wenn Satan uns nicht mittels einer Schuld vernichten kann, dann versucht er, uns mittels Furcht zu zerstören, besonders der Todesfurcht, aber das ist vergeblich. »*Weil nun die Kinder Blutes und Fleisches teilhaftig sind, hat auch er in gleicher Weise daran Anteil gehabt, um durch den Tod den zunichte zu machen, der die Macht des Todes hat, das ist den Teufel, und um alle die zu befreien, die durch Todesfurcht das ganze Leben hindurch der Knechtschaft unterworfen waren*« (Hebr 2,14).

Oh ja, wir kämpfen auch heute mit Satan, aber der Kampf ist bereits entschieden. Sein Ausgang unterliegt keinem Zweifel.

Sünder, denen der Himmel sicher ist

Da Gläubige Gott keinerlei Rechtfertigung mehr schulden, ist ihre permanente Annahme durch Gott gesichert. In dem Kolossertext, auf den wir uns soeben bezogen, lesen wir auch, dass *er uns alle Vergehungen vergeben hat* (Kol 2,13). Wie viele unserer Sünden waren noch Zukunft, als Christus starb? Ganz offensichtlich alle. Und was ist mit den Sünden, die wir morgen begehen und übermorgen? Die Antwort lautet natürlich, dass denen, die an Christus glauben, auch die zukünftigen Sünden vergeben sind. Wenn es nicht so wäre, könnten wir uns des ewigen Heils nicht sicher sein.

Natürlich müssen wir unsere Sünden immer noch bekennen – nicht um unseren Stand als Söhne und Töchter des Allmächtigen zu behalten, sondern damit unsere Gemeinschaft mit dem Vater aufrechterhalten bleibt. Und wenn wir nicht im Gehorsam wandeln, werden wir erzogen. Aber die Sünden derer, die glauben, sind rechtmäßig getilgt. Wir können uns der Sicherheit unseres Heils erfreuen, weil wir vollständig und für alle Ewigkeit freigesprochen worden sind. *»Dieser aber hat ein Schlachtopfer für Sünden dargebracht und sich für immer gesetzt zur Rechten Gottes … Denn mit einem Opfer hat er die, die geheiligt werden, für immer vollkommen gemacht«* (Hebr 10,12-14). Wir weinen vielleicht von Herzen, wenn wir unsere Sünden bereuen, aber nicht einmal Tränen können dem vollbrachten Werk Jesu hinzugefügt werden.

Schreiben Sie Ihre Sünden auf und vermerken Sie zu jeder ein »völlig bezahlt«.

- Eine Abtreibung: völlig bezahlt.
- Ehebruch: völlig bezahlt.
- Betrug: völlig bezahlt.

- Habgier: völlig bezahlt.
- Vernachlässigen der Pflichten: völlig bezahlt.
- Verbrecherische Taten: völlig bezahlt.
- Egoismus: völlig bezahlt.

Wenn ich Ihre Sünde übersehen haben sollte, können Sie sie der Liste hinzufügen. Um die Wahrheit zu sagen, wir haben keine Vorstellung von der Zahl unserer Sünden, denn wir können uns weder an alle erinnern noch können wir sie alle als sündhaft erkennen. Und natürlich ist unsere größte Sünde unser eigensüchtiges Versagen, dem größten Gebot zu folgen: »*Du sollst den Herrn, deinen Gott, lieben mit deinem ganzen Herzen und mit deiner ganzen Seele und mit deinem ganzen Verstand*« (Mt 22,37). Kein Wunder, dass wir lesen müssen: »*Denn alle haben gesündigt und erlangen nicht die Herrlichkeit Gottes*« (Röm 3,23). Gott sei Dank haben wir einen wirklichen Heiland, der uns von allen wirklichen Sünden rettet.

Es ist nicht verwunderlich, dass Jesus lehrte, die Zahl der Erlösten werde verhältnismäßig klein sein! Wir sind so anfällig dafür, unsere eigene Güte dem hinzuzufügen, was Jesus tat, dass es schwierig wird, das Wunder der Gnade zu erfassen. Der Weg zum Himmel ist schmal, und der Weg in den Untergang ist breit. Diejenigen, die Christi Werk für sich annehmen, haben die Zuversicht, dass ihre ewige Bestimmung sicher ist. Denn wenn wir glauben, dass Jesus alles tat, was je erforderlich war, damit wir vor Gott stehen können, und wenn wir ihn als für uns gestorben annehmen, dann werden wir errettet sein, und wir werden es wissen. Jemand hat geschrieben:

> »*Auf ein Leben, das ich nicht lebte,*
> *Auf einen Tod, den ich nicht starb,*

126

Eines anderen Tod – eines anderen Leben
warf ich meine Seele ewiglich.«

Graf Nikolaus Ludwig von Zinzendorf spricht die Worte für
uns Heutige:

»Stark werd' ich steh'n an deinem großen Tag,
Durch dich allein, der mich erlösen mag.
Durch dich bin ich nun vollständig befreit
Von Sünde, Schuld, Schande und Furchtsamkeit.«[8]

Die Zahlung wurde angenommen

Wenn der Ruf *Tetelestai!* der Erfolgsbericht des Dieners über
den Stand seines Auftrags an seinen Herrn war, dann können
wir sicher sein: Der Vater war sich mit dem Sohn einig darüber, dass die Sühnung geleistet war. Der Sohn stieß seinen
Siegesschrei nicht eher aus, als wir lesen: *»Und siehe, der Vorhang des Tempels zerriss in zwei Stücke, von oben bis unten; und
die Erde erbebte, und die Felsen zerrissen«* (Mt 27,51). Der Weg
zu Gott war nun offen. Anstatt wie bis dahin nur dem Ho-
henpriester, der nur an einem einzigen Tag im Jahr einmal in
das Allerheiligste eintreten durfte, war der Zugang in die
Gegenwart Gottes nun jederzeit für alle möglich, die durch
Christus kamen. Da die Barriere unserer Sünde nun weggetan
ist, können wir jetzt *»hinzutreten ... durch das Blut des Christus«* (Hebr 10,22 ... Eph 2,13).

Später wurde Jesus in eine Gruft gelegt, die Joseph von Ari-
mathia gehörte. Als aber seine Jünger seine Ruhestätte besuch-
ten, entdeckten sie, dass der Verschlussstein weggewälzt und der
Leib Jesu verschwunden war! Später offenbarte er sich ihnen,

und es wurde ihnen klar, dass er aus den Toten auferstanden war. Das war ein Beweis, falls denn ein Beweis überhaupt nötig war, dass der Vater das Opfer des Sohnes angenommen hatte. Das war der Sohn, an dem der Vater »*Wohlgefallen gefunden*« hatte.

40 Tage später wurde Jesus vom Ölberg aus in den Himmel herauf aufgenommen. Dort regiert er – nicht nur aufgrund dessen, wer er ist, sondern auch vermöge dessen, was er vollbracht hat.

Mein Appell an Sie

Wenn Sie, mein Freund, Christus noch nicht als Ihren persönlichen Erretter angenommen haben, bitte ich Sie, es jetzt zu tun. Das vor Ihnen liegende Problem ist nicht die Größe Ihrer Sünde, sondern die Bedeutung des Opfers, das Jesus brachte. Timothy McVeigh, der Bombenattentäter von Oklahoma, war nicht unerlösbar. Wir haben keinen Beweis dafür, dass er Christus angenommen hat. Aber wenn er es tat, dann ist auch ihm alles vergeben worden, gerade so wie dem engagiertesten Heiligen. Natürlich ist es besser, ein gutes Leben zu führen, als das eines Verbrechers. Aber am Ende der Tage ist es die von Christus erwirkte Sühnung, die rettet, und nicht unsere Lebensweise. Es gibt für uns nichts dazuzutun, als nur das freie Geschenk anzunehmen.

Wenn wir dem, was Jesus tat, etwas hinzufügen, wie religiöse Rituale, Bußübungen oder Wallfahrten, dann ziehen wir in Wirklichkeit etwas davon ab. Philip Ryken schreibt: »Gerade so, wie wir nicht einfach ein S und ein C zu dem Wort *Huld* hinzufügen können, ohne seine Bedeutung zu verändern (in diesem Fall wird das Wort zu *Schuld*), so können wir auch zu dem Wirken Jesu für uns nichts hinzufügen, was von unseren eigenen guten Absichten oder von unseren eigenen guten Werken abhängig ist.[9] Zum Geschenk Jesu etwas hinzufügen, heißt, es völlig zu zerstören. Gott sucht nicht unseren Selbstwert, sondern unsere *Bereitschaft*, Christi Sühnung um unseretwillen anzunehmen.

Ein Mann sagte mir mit atemberaubender Zuversichtlichkeit: »Ich will vor Gott stehen auf der Grundlage meines eigenen Zeugnisses.« Ich versicherte ihm, das sei gerade so, wie 100 Meter von der Sonne entfernt zu stehen. Die Heiligkeit Gottes würde ihn blenden und fortschleudern, hinein in eine ewige Hölle persönlicher Leiden und Demütigungen. So würde seine Strafe ewig dauern, und er wäre niemals in der Lage zu sagen: »Es ist vollbracht!« Eher würde er schreien: »Es ist *nicht* zu Ende gebracht!« Jesus tat in sechs Stunden, was kein Mensch in alle Ewigkeit tun kann. Gottes Gerechtigkeit gegenüber denen, die seinen Sohn zurückweisen, wird niemals zufriedengestellt werden – aus dem einfachen Grunde, weil nur er seine eigenen Forderungen erfüllen kann.

Die gute Nachricht ist, dass wir nicht unsere erbärmlichen Fetzen an das feine Linnen der Gerechtigkeit Jesu anheften müssen. Spurgeon fragte: »Warum willst du deine gefälschten Kreuzer zu dem kostbaren Lösegeld hinzufügen, das Christus in die Schatzkammer Gottes eingezahlt hat?«[10] Kein Wunder, dass wir singen:

»Zum Sterben hat man ihn erhöht,
›Es ist vollbracht‹, das war sein Schrei;
Nun im Himmel hoch erhoben
Hallelujah! mein Heiland sei.«[11]

Gott sei Dank! Diejenigen, die Christus vertrauen, haben die Zusicherung: »*Es ist vollbracht!*«

7

SEINE BETONUNG
DER UNTERORDNUNG

»Vater, in deine Hände
übergebe ich meinen Geist!«
Lukas 23,46

Letzte Worte.

Ein Afrikamissionar erzählte mir, dass die dortigen Christen in ihrer Kultur darum beten, dass sie »einen guten Tod sterben« mögen. Aber im Gegensatz zu dem, was wir uns darunter vorstellen würden, meinen sie mit dem »guten Tod« nicht etwa einen schmerzlosen oder würdevollen oder späten Tod im hohen Alter. Ein »guter Tod« ist in ihren Augen die Möglichkeit, seine Familie ein letztes Mal um sich zu versammeln, und die Kraft, der ganzen Familie noch einmal die »Verantwortung« für ein frommes Leben und für die Vorbereitung auf eine Wiedervereinigung im Himmel aufzuerlegen. Der Glaube wird quasi »vererbt«, wenn die Sterbenden noch einmal den Lebenden ihren Glauben bezeugen.

Was wären *unsere* letzten Worte?

Wenn wir sehen, wie Jesus starb, werden wir nie wieder auf die gleiche Art wie zuvor über den Tod denken. Er, der uns vorausging, zeigte uns den Weg und lädt uns ein, uns mit ihm in der jenseitigen Welt zu vereinigen. Die Finsternis war für immer vorüber, das Leiden war beendet, und nun war er endlich in der Lage, seinen Geist in die Hände seines Vaters zu geben, dessen herzliche Gegenwart zu ihm zurückgekehrt war. Er hinterließ uns das Vermächtnis einen »guten Todes«.

Der Geist ist der wichtigste Teil von uns. Ein Tier hat eine Seele, aber nur der Mensch hat einen Geist, der Gemeinschaft mit Gott möglich macht. Beim Tod wird uns unser Geist irgendwohin verlassen, entweder ins Licht des ewigen Tages oder in die Finsternis der ewigen Nacht. Jesus befahl seinen Geist dem Vater an und gab sich damit selbst in die Gewissheit der väterlichen Fürsorge. Die gute Nachricht ist, dass Sie und ich in der gleichen Zuversicht sterben können.

Wohin ging der Geist Jesu beim Tod? Sein Geist – mit all seinen Sehnsüchten, Ambitionen und Neigungen – ging zum Vater ins Paradies, um dort alles für die Ankunft des Schächers vorzubereiten, der später an diesem Tag eintreffen würde. Das ist sein menschlicher Geist, oder besser, der Geist des Gott-Menschen, der in die Gegenwart des Vaters und in die Gemeinschaft mit ihm zurückkehrte. Dieser Geist würde drei Tage später bei der Auferstehung wieder mit dem Leib Jesu vereinigt werden. Wenn Paulus also in 1. Thessalonicher 5,23 betet: *»Möge euer Geist und Seele und Leib untadelig bewahrt werden«*, dann ist das die Einheit dessen, was wir sind, die bewahrt wird. Wie bei Jesus werden auch unsere Seelen sicher zum Vater geleitet, und später werden unsere Leiber auferweckt.

Interessanterweise gibt sich keiner der Schreiber des Neuen Testaments damit zufrieden, einfach zu sagen, dass Jesus

starb. Sie alle sagen, dass sein Geist in die Hand Gottes ging.[1]
Sie wollen uns damit begreiflich machen, dass sein Tod nicht
das Ende war, sondern der Anfang einer neuen Verbindung.
Wenn wir von unserem Meister lernen, dann werden wir bereit sein, wenn unsere letzte Stunde kommt. Er starb im Glauben und wurde belohnt.

In der Antike half ein Vorläufer, die Schiffe sicher in den
Hafen zu bringen. Er sprang vom Schiff ins Wasser, watete
zum Hafen und befestigte das starke Tau des Schiffes an einem
Uferfelsen. Dann wurde das Schiff mittels einer Winde in den
Hafen gezogen. Das ist die Bildersprache des Schreibers des
Hebräerbriefes. Er stellt Jesus als denjenigen dar, der in den
Himmel gegangen ist, um uns den Weg zu bereiten: »*Diese*
[Hoffnung] *haben wir als einen sicheren und festen Anker der See-
le, der in das Innere des Vorhangs hineinreicht, wohin Jesus als
Vorläufer für uns hineingegangen ist*« (Hebr 6,19-20). Lasst den
Sturm unsere Segel in Fetzen reißen; lasst die Planken unter
unseren Füßen zersplittern; lasst die Sturmböen versuchen,
uns vom Kurs abzubringen – die Erlösten werden sicher den
Hafen erreichen. Jeden Tag werden wir dem Hafen um eine
Raste näher heran gezogen – von dem, der bewiesen hat, dass
er stärker ist als der Tod.

Er starb in seines Vaters Gegenwart

Hier, auf der Erde, lebte Jesus in der Gegenwart des Vaters,
aber nun kehrte er in die unmittelbare Gemeinschaft mit dem
Vater und in seine Herrlichkeit zurück. Dieser sein letzter,
lauter Ausruf brachte die Zuversicht zum Ausdruck, dass er in
der himmlischen Welt willkommen sein werde. Wir haben

gesehen, dass er während der ersten drei Stunden am Kreuz unter den Händen der Menschen litt, während der letzten drei Stunden jedoch unter der Hand Gottes. Und ebendieser Hand vertraute er nun seinen Geist an.

Wohlgemerkt: Jesus war ebenso verpflichtet, in der Hand seines Vaters zu leiden, wie in ihr zu jubeln. Die Hand, aus der das Leiden kam, hielt nun Freude und Wohltat bereit. Die ersten Worte Jesu, die berichtet sind, lauteten: »*Wusstet ihr nicht, dass ich in dem sein muss, was meines Vaters ist?*« (Lk 2,49). Nun, da der Auftrag seines Vaters ausgeführt ist, lauten seine letzten Worte: »*Vater, in deine Hände übergebe ich meinen Geist!*« (Lk 23,46). Vom Anfang bis zum Ende war dieser Sohn nur um eines besorgt: den Willen des Vaters zu tun und seinen Auftrag auszuführen. Er hatte seinen Jüngern den Namen des Vaters bekannt gemacht; er war zur Sünde geworden für die, die ihm glauben würden. Nichts war unerledigt geblieben.

Jesus starb beim Nachdenken über die Heilige Schrift. Als König David verleumdet und verfolgt wurde, ermahnte er alle, die es hören wollten, stark zu sein in dem Wissen, dass der Herr sie in einer Krisenzeit beschützen werde. Der Herr war seine Zuflucht und würde ihn nicht zuschanden werden lassen. Dann fügte er hinzu: »*In deine Hand befehle ich meinen Geist. Du hast mich erlöst, Herr, du Gott der Treue*« (Ps 31,6). Wie passend, dass dies die letzten Worte waren, die Jesus sprach, während er sich noch in seinem irdischen Leib befand. Er starb mit der Gewissheit, dass Gott sorgfältig mit dem umgehen würde, was ihm anvertraut worden war.

Er starb in seines Vaters Vorsehung

Auch bei seinem letzten Atemzug war Jesus immer noch König. Der, der gesagt hatte, niemand nehme sein Leben von ihm, starb zur vorherbestimmten Zeit und auf die vorherbestimmte Weise. Im Alten Testament lautet die Festsetzung des Augenblicks, in dem das Passah-Lamm zu schlachten sei, wörtlich: *»zwischen den Abenden«*. In der jüdischen Tradition war das irgendwann zwischen drei Uhr nachmittags und sechs Uhr abends (2Mo 12,6). Jesus wurde genau an dem Tag gekreuzigt, an dem die Passah-Lämmer geschlachtet wurden (Joh 18,28), um drei Uhr am Nachmittag. Sein letzter Schrei erfüllte seine Rolle als *»das Lamm Gottes, das die Sünde der Welt wegnimmt«* (Joh 1,29).

Es sollte uns nicht überraschen, dass sein Tod ein persönlicher Willensakt war; eine Wahl, die er traf. Matthäus berichtet die letzten Worte Jesu nicht, sondern sagt einfach: *»Jesus aber schrie wieder mit lauter Stimme und gab den Geist auf«* (Mt 27,50). Sein Geist stand unter seiner eigenen Kontrolle, bis er ihn freiwillig dem Vater »übergab«. Sein Leben wurde ihm nicht von den Todeswehen entrissen. Der hier verwendete Ausdruck kann auch so übersetzt werden: Er »überlieferte« oder »entließ« seinen Geist. Dieser Ausdruck passt am besten in den Matthäustext, wo Jesus als der König dargestellt wird.

Als König hatte sich Jesus jederzeit unter Kontrolle. Er hatte die Dinge in der Hand, als er im Sturm auf dem Boot schlief. Er hatte die Dinge auch in der Hand, als die Soldaten kamen, um ihn zu verhaften. Pilatus meinte nur von sich selbst, die Kontrolle über die Situation in der Hand zu halten, aber Jesus versicherte ihm, dass er da falsch dachte. *»Weißt du nicht, dass ich Macht habe, dich loszugeben, und Gewalt habe,* *dich zu kreuzigen?«*, fragte Pilatus. Jesus erwiderte ihm: *»Du hättest keinerlei Macht über mich, wenn sie dir nicht von oben gegeben wäre«* (Joh 19,10-11). Pilatus' Macht war ein Geschenk Gottes, das ihm willentlich weggenommen werden konnte. Es würde immer nur das geschehen, worüber sich der Vater und der Sohn geeinigt hatten.

Auch Johannes berichtet, dass Jesus *»seinen Geist aufgab«* (Joh 19,30). Er überlieferte seinen Geist dem Vater, weil sein Blut vergossen, die Prophetie erfüllt und der vereinbarte Plan vollendet worden war. Sein Tod war kein zufälliges Missgeschick, sondern eine Vereinbarung. Er blieb Herr seiner selbst, vom Tod unbesiegt.

Jesus starb für die Ziele der göttlichen Vorsehung, nicht wegen der Launen gemeiner Menschen. Geradeso werden Sie und ich sterben – nicht nach dem Willen des Krebses, nicht nach dem Willen eines betrunkenen Geisterfahrers auf der Autobahn, nicht nach dem Willen einer schmerzhaften Krankheit. Wir werden unter der guten Hand der liebevollen Fürsorge Gottes sterben. Wir werden nach der Uhr Gottes durch den Vorhang gehen, nicht nach dem Fahrplan eines willkürlichen Schicksals.

Er starb in seines Vaters Händen

*»Vater, in **deine Hände** …«*
Welch eine Bedeutungswelt verbirgt sich in diesem Ausdruck!

Die Kraft der Hände. Noch einmal: Jesus sagte, er werde in die Hände der Menschen überliefert werden. Zu seinen ermüdeten Jüngern im Garten Gethsemane sagte er: *»Siehe, die Stunde ist nahe gekommen, und der Sohn des Menschen wird in*

Sünderhände überliefert. Steht auf, lasst uns gehen! Siehe, nahe ist gekommen, der mich überliefert« (Mt 26,45-46). Petrus sagte, Jesus sei von *»Gesetzlosen«* gekreuzigt worden (Apg 2,23). Hände von Gesetzlosen formten eine Krone von Dornen und drückten sie auf seine Stirn, geißelten seinen Rücken, ohrfeigten ihn. Hände von Gesetzlosen stießen ihn und trieben Nägel durch seine Hände und Füße.

Aber es wird eine Zeit kommen, in der die Hände der Menschen nichts mehr tun können und zu der die Hände Gottes »das letzte Wort« haben werden.[2] Als David von seinen Feinden verfolgt wurde, war ihm klar: Auch wenn wir uns in den Händen gesetzloser Menschen befinden, sind wir in Wirklichkeit in den Händen Gottes. *»In deiner Hand sind meine Zeiten; rette mich aus der Hand meiner Feinde und vor meinen Verfolgern«* (Ps 31,15). Genau so sind auch wir letztlich nicht in den Händen von Unfällen oder von scheinbar zufällig sich ereignenden Krankheiten. Wir sind in den Händen Gottes.

Jesus gab sich selbst freiwillig in die Hände von Sündern; jetzt gibt er sich selbst freiwillig in die Hand Gottes. Er war umgeben von denen, die ihn hassten, und wusste, dass die gegen ihn gerichteten Ungerechtigkeiten noch anhielten; er wusste auch, dass die meisten seiner Jünger ihn verlassen hatten – in diesen Umständen konnte er auf seinen Vater zählen, der seinen Geist aufnehmen würde. In den Händen des Vaters wurde er in eine Autoritätsstellung erhoben. Heute wartet er darauf, dass seine Feinde ihm zum Schemel seiner Füße gelegt werden.

Jesus lehrt uns, dass der Tod die Tür ist, durch die wir in die Gegenwart des Königs kommen dürfen. Er erinnert uns auch daran, dass es möglich ist, jung zu sterben und doch schon den Willen Gottes erfüllt zu haben. Je näher bei Gott wir wandeln, desto leichter werden wir glauben, dass wir ihm unseren Geist anvertrauen können – den Teil von uns, in dem unser Denken seinen Sitz hat, unser Wollen, unser Sorgen und unser Fühlen. Ja, natürlich müssen wir beerdigt werden, als Beweis unseres Glaubens an die Auferstehung. Ungeachtet dessen, was mit unserem Leib geschieht – unser Geist kann sicher nach Hause zurückkehren. Komme, was da wolle, auch wir werden im inneren Heiligtum, in der Gegenwart des Vaters, willkommen geheißen werden.

> *Plagen und Tode umschwirren mich,*
> *Doch kann ich nicht sterben, eh' er es will;*
> *Und nicht ein einziger Pfeil trifft mich,*
> *Bevor nicht der Gott der Liebe es will.«*[3]

Sicher hat Paulus daran gedacht, als er schrieb: »*Denn ich weiß, wem ich geglaubt habe, und bin überzeugt, dass er mächtig ist, mein anvertrautes Gut bis auf jenen Tag zu bewahren*« (2Tim 1,12).

Wenn wir in den Händen des Vaters sind, dann sind wir auch in den Händen des Sohnes. Zu einem früheren Zeitpunkt seines Dienstes erklärte er seinen Jüngern:

> »*Meine Schafe hören meine Stimme, und ich kenne sie, und sie folgen mir; und ich gebe ihnen ewiges Leben, und sie gehen nicht verloren in Ewigkeit, und niemand wird sie aus meiner Hand rauben. Mein Vater, der sie mir gegeben hat, ist größer als alle, und niemand kann sie aus der Hand meines Vaters rauben. Ich und der Vater sind eins*« (Joh 10,27-30).

Die Hände des Vaters und des Sohnes befinden sich miteinander in Harmonie. Wie tröstlich zu wissen, dass wir von beiden gehalten werden, denn die Hand des Vaters und die Hand des Sohnes sind miteinander verflochten.

Dieser siebte Ausspruch, dieser Siegesschrei, klingt durch die Jahrhunderte bis zu uns nach. Man hatte Jesus aufgefordert, »*sich selbst zu helfen*«, aber er verweigerte das und ging dann heim zum Vater. Die Sünde wurde besiegt, dem Tod wurde seine Machtlosigkeit bewiesen. Es gibt in Afrika einen Stamm, wo man beim Tod eines Gläubigen nicht sagt: »Er ist gegangen«, sondern vielmehr: »Er ist angekommen.« Und so ist es auch; Gläubige kommen in dem Zuhause an, das von Jesus für sie vorbereitet worden ist.

Lebensverändernde Lektionen

Der Tod ist nicht das Ende des Weges, sondern nur eine Kurve auf dem Weg. In einem Flugzeug sagte mir jemand: »Ich glaube nicht an ein Leben nach dem Tod ... Ich glaube nicht, dass die Seele den Körper überlebt.« Ich erwiderte: »Sie bereiten mir da ein wirkliches Problem. Ich muss eine Wahl treffen zwischen Ihrem Blickwinkel der letzten Wahrheit und der Überzeugung Jesu. Seien Sie nicht beleidigt, aber ich entscheide mich für ihn.« Wir müssen diesen Punkt berühren. Jeder, der nicht glaubt, dass die Seele den Körper überlebt, steht nicht im Einklang mit Jesus, der mit Autorität sprechen konnte: »*Ich bin der Erste und der Letzte und der Lebendige, und ich war tot, und siehe, ich bin lebendig in alle Ewigkeit und habe die Schlüssel des Todes und des Hades*« (Offb 1,17-18).

Wenn Ihr Geist nicht in die Hände Gottes geht, um dort sicher aufbewahrt zu werden, dann geht er in die Hände Gottes zum Gericht. Dieselben Hände, die Hoffnung und Trost geben, bieten auch Schrecken und Strafe. Wir werden gewarnt: »*Es ist furchtbar, in die Hände des lebendigen Gottes zu fallen!*« (Hebr 10,31). Die Hände, die heute ausgestreckt sind und uns einladen, die Gnade anzunehmen, sind dieselben Hände, die die Unbußfertigen in den Abgrund der Einsamkeit, der Verzweiflung und des Stumpfsinns ewigen Leidens werfen werden.

Ehe Timothy McVeigh hingerichtet wurde, meinte er, er werde in der Hölle viel Gesellschaft haben. Eine Frau, die man dazu interviewte, stimmte zu, dass er dort die Gesellschaft von Leuten wie Hitler und Stalin genießen könne. Das ist so weit schon richtig, aber es wäre ein schwerer Fehler zu glauben, dass sich nur solche Verbrecher in der ewigen Strafe befinden werden. Die Hölle wird voll sein von Leuten, die ihre Steuern bezahlten, die es weit von sich wiesen, unmoralisch zu handeln, und die niemals eines Verbrechens angeklagt wurden. Kurz gesagt, all jene, die sich nicht unter den Schutz der Gerechtigkeit Christi geflüchtet haben, werden am Ende in Gewissensqualen von ihm abgesondert werden. Das erklärt, warum Jesus sagte, dass der Weg zum Leben schmal sei »*und wenige sind, die ihn finden*« (Mt 7,14).

Täuschen Sie sich nicht selbst darüber, ob Sie in Gottes schützender Hand sind oder nicht. Als Johannes Hus 1415 vom Konzil zu Konstanz verurteilt wurde, schloss der Bischof das Verfahren mit den Worten: »Nun übergeben wir deine Seele dem Teufel.« Aber Hus erwiderte: »Ich übergebe meinen Geist in deine Hände, Herr Jesus Christus; dir befehle ich meinen Geist an, den du erlöst hast.«[4] Hus, ein Jünger Christi, der sich der guten Nachricht des Evangeliums unterstellte, wusste, dass kein Mensch uns in die Hände des Teufels überliefern kann, wenn wir uns selbst den Händen Gottes anbefohlen haben. Er wurde auf dem Scheiterhaufen verbrannt, triumphierend in dem Wissen, dass er Christus gehörte und Christus ihm.

Vielleicht denken Sie: *Ich werde leben, wie es mir gefällt, und dann, in meiner letzten Minute werde ich sagen: »Vater, in deine Hände befehle ich meinen Geist.«* Oh nein, von ganz, ganz wenigen Ausnahmen abgesehen, stirbt man, wie man gelebt hat. Wenn Gott jetzt nicht Ihr Vater ist, dürfte es Ihnen unmöglich sein, ihn im Angesicht Ihres Todes als Ihren Vater zu akzeptieren. Wir sind auf den Himmel vorbereitet, wenn wir Christus als unseren persönlichen Erretter annehmen, wenn wir anerkennen, was er am Kreuz für uns getan hat. Nur die, die so an Jesus glauben, können ihren Geist in Aufrichtigkeit dem Vater anvertrauen.

Und schließlich: Gott verspricht uns keine ruhige Durchfahrt durch das Todestor, aber er verspricht uns eine sichere Ankunft. Rufen Sie sich noch einmal die Umstände in Erinnerung, unter denen Jesus diese Worte sprach. Die ihn umgaben, spotteten seiner; sie verweigerten ihm die ruhige Besinnlichkeit, die wir uns alle für unsere letzten Augenblicke wünschen. Sein Leib war blutüberströmt und verkrümmt; er war bis zur Unkenntlichkeit entstellt durch entsetzliche Wundmale und durch die Verzerrungen, die der Wassermangel hervorgerufen hatte. Der Schmerz ließ seinen Leib erstarren, und für eine gewisse Zeit hatte sich auch noch der Vater von ihm abgewandt.

Und doch blieb sein Geist bewahrt. Ich habe starke, schwere Männer gesehen, die auf 50 Kilo zusammenschrumpften, während der Krebs ihren Körper verwüstete. Ich habe Menschen gesehen, die nach einem Autounfall so verunstaltet waren, dass es der Familie nicht erlaubt wurde, ihre Leichname anzusehen. Ich habe eine Geschichte über einen Bauern gelesen, der in eine seiner Maschinen geriet und in kleine Stücke zerhackt wurde.

Ja sicher, manche sterben friedlich in einem Krankenhauszimmer oder zu Hause, umgeben von ihren Freunden. Aber ganze Menschenmassen sterben einen gewaltsamen Tod; andere gehen auf dem Meer verloren oder sterben unbeachtet in einer fernen Wildnis.

Die Verheißung lautet, dass wir ungeachtet der Turbulenz unseres Todes sicher an unserem Bestimmungsort ankommen werden. Wir haben sichere Kenntnis davon, dass der Geist den Körper überlebt, und dank der Auferstehung werden unsere verwesten Leiber zur Neuheit des Lebens auferweckt werden. Wir werden im Himmel dieselben Menschen sein, die wir auf der Erde waren. Natürlich wird die Sünde weggenommen sein, aber wir werden unsere Erinnerungen in das nächste Leben mit hineinnehmen, und wir werden uns auch der Verbindungen, der Freunde und der Verwandten bewusst sein, die wir hier gehabt haben.

Das Kreuz wird uns nie so kostbar sein wie dann, wenn unser Tod naht. Denn wenn wir Christus angenommen haben, der dort für uns hing, dann werden wir niemals wirklich sterben. Denn er starb nicht nur, damit unsere Sünden weggenommen würden, sondern auch, um zu beweisen, dass der Tod nicht das letzte Wort hat – nicht bei denen, die ihren Glauben auf den setzen, der den Tod besiegt hat. *»Weil nun die Kinder Blutes und Fleisches teilhaftig sind, hat auch er in gleicher Weise daran Anteil gehabt, um durch den Tod den zunichte zu machen, der die Macht des Todes hat, das ist den Teufel, und um alle die zu befreien, die durch Todesfurcht das ganze Leben hindurch der Knechtschaft unterworfen waren«* (Hebr 2,14-15).

Viele Heilige sind mit diesen letzten Worten Jesu auf ihren Lippen gestorben. Als die Steine zu fliegen begannen, betete Stephanus, der erste christliche Märtyrer: »*Herr Jesus, nimm meinen Geist auf*« (Apg 7,59). Das ist die einzige Stelle im Neuen Testament wo wir »*Jesus zur Rechten Gottes stehen*« sehen, bereit, seinen Diener in Empfang zu nehmen (Vers 55). Er wartet dort ebenso auf uns. Als D. L. Moody starb, sagte er: »Die Erde fällt zurück; der Himmel öffnet sich mir ... wenn das der Tod ist, dann ist er süß.«[5]

»*Vater, in deine Hände übergebe ich meinen Geist!*«

Das Kreuz aufnehmen und in die Welt tragen

Es mag einer gekreuzigten Gemeinde bedürfen, um der Welt »einen gekreuzigten Christus vor Augen zu führen«, schrieb W. E. Orchard. Wenn der weltbekannte Atheist Friedrich Nietzsche von Christen sprach, dann pflegte er zu sagen: »Ich könnte an ihren Erlöser glauben, wenn sie nur ein wenig erlöster aussehen würden!« Die einfache Wahrheit ist, dass die Botschaft des Evangeliums der Welt durch das Leben der Jünger Christi bestätigt werden muss. Es bringt gar nichts zu beteuern, wir müssten nichts weiter tun, als die Botschaft zu predigen. Wenn wir sie nicht auch leben, gibt es für die Welt keinen Grund, ihr zu glauben.

Was meinte Jesus, als er sagte, wir sollten unser Kreuz tragen? Das bezieht sich doch sicher nicht auf das Erleiden gewöhnlicher Krankheiten oder auf die üblichen Probleme, die mit dem Leben an sich verbunden sind. Die Unerlösten haben all diese Erfahrungen ebenfalls. Ich glaube, das Kreuz, das uns gegeben wurde, bezieht sich auf die Schwierigkeiten, die wir nicht haben würden, wenn wir keine Christen wären. Oder, um es positiv zu sagen: Unser Kreuz zu tragen, bedeutet, unter den Schwierigkeiten standzuhalten, die auf unseren Schultern lasten, weil wir Christen sind. Die Welt hasste ihn; sie wird uns ebenso hassen. Die Welt richtete ihn hin; sie wird auch versuchen, jeden zu vernichten, der die Botschaft vom Kreuz in Wort und Tat mitteilen will.

Wenn ich ausführen sollte, was es bedeutet, unser Kreuz zu tragen, dann wäre das ein eigenes Buch. Meine dringende Bitte an Sie ist einfach diese: Da Jesus so viel für Sie getan hat, ist es da nicht sinnvoll, wenn wir uns entschließen, unser Leben allein zu seiner Verherrlichung zu führen, ungeachtet der Kosten? Wenn das Kreuz für ihn ein Werkzeug des Leidens war, sollte es das nicht auch für uns sein?

Jesus rettete die Welt nicht durch seine Wunder. Wunder sind niemals von Dauer. Auch Lazarus musste ein zweites Mal sterben. Jesus veränderte die Welt durch Leiden. Wir meinen, wenn wir die Macht hätten, Wunder zu wirken, dann wären wir in der Lage, die Welt zu verändern. Jesus gebrauchte diese Macht, um das Leben von ein paar einzelnen Menschen zu verändern. Aber um das größere Werk zu tun – das große Werk der Erlösung –, konnte nur Leiden zum gewünschten Ziel führen. So müssen wir Christus in seiner Schwachheit folgen, um stark zu werden. Dietrich Bonhoeffer sagte: »Das Christentum ist eine Religion des Leidens; ein Mensch wirft sich in die Arme Gottes und erwacht in Gethsemane. Wir müssen unsere liebgewonnenen Vorstellungen zu Füßen unseres gekreuzigten Heilands niederlegen.«

Da Christus für das starb, was er glaubte – sollten wir da nicht in seinen Fußspuren gehen? Bonhoeffer schrieb auch:

»Das Kreuz ist jedem Christen auferlegt. Das erste Christusleiden, das jeder erleben muss, ist die Aufforderung, allen Verbindungen zur Welt zu entsagen. Das Sterben des alten Menschen ist die Folge der Begegnung mit Christus. Wenn wir in die Jüngerschaft eintreten, übergeben wir uns selbst Christus in Einheit mit seinem Tod – wir geben unser Leben in den Tod. So beginnt es; das Kreuz ist nicht das schreckliche Ende eines ansonsten gottesfürchtigen und glücklichen Lebens, sondern wir treffen darauf am Anfang unserer engen Verbindung mit Christus. Wenn Christus einen Menschen ruft, dann gebietet er ihm, zu kommen und zu sterben ... Nur der Mensch, der seinem eigenen Willen gestorben ist, kann Christus nachfolgen.«[2]

Das Kreuz repräsentiert die große »Umkehrung der Werte«: Es stellt ein permanentes Zeugnis dafür dar, dass Gott liebt, was die Menschen hassen, und dass die Menschen hassen, was er liebt. Unsere Bereitschaft, uns zu Hause, bei unserer Arbeit und in unserer Nachbarschaft mit Christus zu identifizieren, ist ein unverzichtbares Kennzeichen eines erlösten Lebens. Wenn uns die Welt sieht, sollte sie überrascht sein, befremdet und gezwungen, uns zur Kenntnis zu nehmen. Wir sollten so leben, als kämen wir aus einem anderen Land – mit einem anderen Wertesystem, mit anderen Hoffnungen und Wünschen und mit einer anderen Betrachtungsweise des Lebens selbst. So, wie Jesus gleichermaßen geliebt und gehasst wurde, wie man ihm gleichermaßen gehorchte und widersprach, so sollten wir dasselbe erwarten. *»Gedenkt des Wortes, das ich euch gesagt habe: Ein Sklave ist nicht größer als sein Herr. Wenn sie mich verfolgt haben, werden sie auch euch verfolgen; wenn sie mein Wort gehalten haben, werden sie auch das eure halten«* (Joh 15,20).

Der Abstieg Christi vom Himmel zur Erde war der gewaltigste Akt der Erniedrigung. Jesus begab sich auf einen Abhang, der ihn von den höchsten Höhen in die tiefsten Tiefen führte. Und wenn wir ihn gut nachahmen, dann folgen wir seinen Spuren.

Wenn wir selbstsüchtig sind wie die Welt, wenn wir ängstlich auf unseren Rechten bestehen und einen Aufstand wegen wirklicher oder eingebildeter Kränkungen machen, die man uns zufügt, dann werden wir uns nicht von unserer Kultur unterscheiden. Die Welt ist nicht beeindruckt, wenn wir sie mit Untertönen politischen Eigeninteresses schlecht machen. Denken wir daran – das, was die Welt am Ende wirklich braucht, ist: Jesus sehen.

Erwähltes Leiden – das heißt unsere Bereitschaft, mit den Armen, den Ausgestoßenen und den Bekümmerten identifiziert zu werden – ist Gott äußerst kostbar. Während des Holocaust fragte Dietrich Bonhoeffer seine deutschen Freunde: »Wer ist Jesus Christus für uns?« Für sie waren es die Juden. Für uns könnte Jesus Christus all das sein:

- das ungeborene Kind und der angsterfüllte Teenager, der nicht weiß, an wen er sich wenden soll;
- die allein erziehende Mutter, die jemanden braucht, der ihrem Sohn verbindliches Mannsein vorlebt;
- das Mischlingskind, das verspottet wird;
- der Homosexuelle, der so von seiner Schuld überwältigt ist, dass er sich umbringen will;
- die Insassen eines örtlichen Gefängnisses;
- die Menschen in unseren Innenstädten.

Diese sind Jesus Christus für uns heute. Aber das ist auch unser Stadtrat, der Präsident, der Bürgermeister, der Taxifahrer.

Alle, die wir schnell zu kritisieren bereit sind, sind für uns heute Christus. Wir müssen unseren Platz einnehmen und die Rolle des Dieners akzeptieren. Wir müssen bereit sein zu sterben, damit andere leben könnten.

Bischof Samuel, der in den frühen 80ern des vergangenen Jahrhunderts zusammen mit Staatspräsident Anwar Sadat von Ägypten in einem Kugelhagel starb, erzählte Dr. Ray Bakke, wie das Christentum in den ersten Jahrhunderten Nordafrika eroberte. Er sprach über die Liebe der Christen, die zu Fragen herausforderte. In diesen Zeiten gab es beispielsweise keine Abtreibungspraktiken, und so wurden ungewollte Kinder einfach zum Sterben auf den Straßen zurückgelassen. Und da es keine Babyflaschen gab, versammelten sich die stillenden christlichen Mütter auf dem Marktplatz. Dann starteten junge Männer zu einem »Babyrennen« – sie suchten auf den Straßen nach verlassenen Säuglingen. Die wurden dann zu den stillenden Müttern gebracht, die sie als ihre eigenen Kinder annahmen.

Die geringgeschätzten Christen wurden oft als Müllsammler eingesetzt. Wenn sie Leichen fanden (oft die Folge einer Seuche), wuschen sie die Körper und bestatteten sie ordentlich. Sie argumentierten, dass im Blick auf die Auferstehung auch die Gesetzlosen ein ordentliches Begräbnis verdient hätten. Die Heiden waren beeindruckt von diesen unerklärlichen Liebestaten.

Wenn wir wollen, dass Menschen zum Glauben an unseren Erlöser kommen, dann müssen wir darauf hinarbeiten, erlöster auszusehen. Und um erlöster auszusehen, müssen wir unserem Erlöser zum Kreuz folgen. Legen wir unsere Waffen beiseite und ergreifen wir das Kreuz – nicht nur als unser Heilsmittel, sondern als unsere Lebensweise. Nur dann dürfen wir erwarten, Hoffnung in unsere leidende Welt zu bringen.

ANMERKUNGEN

Vorwort

1. Fanny Jane Crosby (1820-1915): »*Near the Cross*« (deutscher Liedtitel »Nahe beim Kreuz«).

Eine Reise in das Herz Jesu

1. Sir Robert Anderson: *The Gospel and Its Mission* (Grand Rapids 1978, Kregel), S. 26.
2. Herbert Butterfield; zitiert in *The NIV Worship Bible* (Grand Rapids 2000, Zondervan), S. 1455; Anmerkung zu Joh 19.
3. P. T. Forsythe: *The Work of the Cross* (1910, Hodder & Stoughton); zitiert in John Stott: *The Cross of Christ* (Downer's Grove, Ill. 1986, InterVarsity Press), S. 44.
4. John Piper: *The Pleasures of God* (Portland, Ore. 1991, Multnomah), S. 164.

5. Fanny Jane Crosby (1820-1915): »*My Saviour First of All*« (deutscher Liedtitel »Mein Heiland zuerst«).

6. Robert Wassenar: *A Physician Looks at the Suffering of Christ* in: *Moody Monthly*, März 1979, S. 42.

7. Brooke Foss Wescott; zitiert in *The NIV Worship Bible*, S. 1446; Anmerkung zu Joh 12.

8. Richard Foster: *Prayer: Finding the Heart's True Home* (San Francisco 1992, Harper), S. 1; zitiert in Brennan Manning: *Abba's Child* (Colorado Springs 1994, NavPress), S. 16.

9. Isaac Watts (1674-1748): »*When I Survey the Wondrous Cross*« (deutscher Liedtitel »Schau ich zu deinem Kreuze hin«).

10. Edward Shillito: *Jesus of the Scars* in: *Aeropagus Proclamation* 10, Nr. 7 (April 2000).

1: Seine Bitte um Vergebung

1. Warren Wiersbe in einer Predigt, die er im Februar 1978 in der Moody-Gemeinde hielt.

2. William Bright: *The Seven Sayings from the Cross* (London 1887, Parker), S. 19-20.

3. Charles Wesley (1707-1788): »*Arise, My Soul, Arise!*«.

4. Arthur W. Pink: *The Seven Sayings of the Saviour on the Cross* (Swengel, Pa. 1954, Bible Truth Depot), S. 16.

5. Dietrich Bonhoeffer: *Vengeance and Deliverance* (11. Juli 1937) in: *A Testament to Freedom: The Essential Writings of Dietrich Bonhoeffer*, Rev. Ausg., hrsg. von Geffrey B. Kelly und F. Burton Nelson (San Francisco 1990/1995, Harper), S. 282.

6. Jim Nance: *Stauron: His Prayer from the Cross* in *Credena* 7, Nr. 4, S. 20.

7. Clarence Cranford: *The Seven Last Words* (Grand Rapids 1960, Baker), S. 16.

2: Sein Zuspruch der Zuversicht

1. Pink, S. 31-32.
2. Ibid., S. 34.
3. Ibid., S. 29.
4. Die Bibelstellen zu diesen Verhöhnungen siehe Mt 27,42. 43.44; Mk 15,19-30.31-32; Lk 23,35.36.
5. Carles Haddon Spurgeon: *Christ's Words from the Cross* (Grand Rapids 1993, Zondervan), S. 33.
6. William Cowper (1731-1800): »*God Moves in a Mysteroiuos Way*«.
7. Cranfort, S. 24.
8. William Cowper (1731-1800): »*There Is a Fountain Filled with Blood*« (deutscher Liedtitel »Es ist ein Born«).

3: Sein Ausspruch der Barmherzigkeit

1. Samuel Johnson am 19. September 1777; zitiert in James Boswell: *Life of Samuel Johnson* (1791).
2. William Barclay: *The Gospel of John*, Reihe *The Daily Study Bible* Bd. 2 (Edinburgh 1965, St. Andrew), S. 299.
3. Charles Swindoll: *The Darkness and the Dawn: Empowered by the Tragedy and Triumph of the Cross* (Nashville 2001, Word), S. 153-154.
4. Pink, S. 49.
5. Ibid., S. 56.

6. Crosby: »*Near the Cross*«.
7. Dietrich Bonhoeffer: *The Cost of Discipleship*, 2. ungekürzte und revidierte Aufl. (New York 1958, Macmillan), S. 79.

4: Sein Aufschrei der Qual

1. Stott, S. 151.
2. Pink, S. 70.
3. Isaac Watts (1674-1748): »*Alas! and Did My Saviour Bleed?*« (deutscher Liedtitel »Schau ich zu diesem Kreuze hin«).
4. Pink, S. 64-84; hinsichtlich dieses Punktes besonders 65, 67, 69, 71, 75.
5. Dennis Ngien: *The God Who Suffers* in: *Christianity Today* vom 3. Februar 1997, S. 40.
6. Dietrich Bonhoeffer: Brief vom 16. Juli 1944 aus dem Tegeler Gefängnis an Eberhard Bethge, in: *Letters and Papers from Prison*, revidierte erweiterte Ausgabe, hrsg. Eberhard Bethge (New York 1953/1967/1971, Macmillan), S. 361.
7. Pink, S. 75.
8. Stott, S. 79.
9. John Piper: *The Glory of Christ's Incomparable Sufferings*, in: The Standard (Oktober 1999), S. 24.
10. Charles Wesley (1707-1788): »*And Can It Be that I Should Gain?*« (deutscher Liedtitel »Wär's möglich, dass ich haben sollt'«).
11. P. T. Forsythe: *The Work of Christ* (1910, Hodder & Stoughton), zitiert bei Stott, S. 153.
12. Pink, S. 80.
13. Spurgeon, S. 67.

5: Sein Ausdruck des Leidens

1. Philip Graham Ryken: *Human After All*, in: James Montgomery Boice und Philip Graham Ryken: The Heart of the Cross (Wheaton, Ill. 1999, Crossway), S. 37. A.d.Ü.: *Dehydration* = krankhafte Entwässerung des Körpers.
2. Pink, S. 91.
3. F.W. Grant, zitiert bei Pink, S. 94.
4. Pink, S. 95.
5. Henry Scougal: *The Life of God in the Soul of Man*, zitiert bei Piper, S. 13.
6. Matthew Henry, zitiert bei Ryken, S. 42.
7. Ryken, S. 42-43.
8. Warren Wiersbe in einer Predigt, die er im März 1978 in der Moody-Gemeinde hielt.
9. Anne (Annie) Ross Cundell Cousin (1824-1906): »O Christ, What Burdens Bowed Thy Head« (deutscher Liedtitel »Herr, welche Last nur beugt dein Haupt«).
10. Thomas Benson Pollock (1836-1896): *Jesus, in Thy Dying Woes«* (deutscher Liedtitel »Jesu, deine Todeswunden«) (1870), Stanzen 12-14; Text entnommen aus http://www.cyberhymnal.org.

6: Seine Proklamation des Sieges

1. Charles Haddon Spurgeon, zitiert bei Philip Graham Ryken: *Mission Accomplished*, in: Boice und Ryken, S. 53.
2. Pink, S. 110.
3. Ibid., S. 112.
4. Spurgeon (*Christ's Words*), S. 102.

5. Ibid., S. 94.

6. Elvina Mabel Hall (1820-1889): »*Jesus Paid It All*« (deutscher Liedtitel »*Er hat alles bezahlt*«).

7. A.d.Ü.: Pilatus schrieb die Anklage in Lateinisch, Griechisch und Hebräisch. *Lateinisch:* IESUS NAZARENUS REX IUDAEORUM = INRI; *Griechisch:* Iésus ò Nazoraios ò Basiléus ton Ioudaion = INBI; *Hebräisch:* JOSCHUHA HONAZARAM WAKILEM HIUDANEM = JHWH! Das war der Grund, weshalb die jüdischen Führer Pilatus vergeblich baten, nicht *dieses* über das Kreuz zu schreiben.

8. Nikolaus Ludwig Graf von Zinzendorf (1700-1760): »*Christi Blut und Gerechtigkeit*«; übers. von John Wesley (1703-1791): »*Jesus, Thy Blood and Righteousness*«.

9. Ryken (*Mission Accomplished*), S. 57-58.

10. Spurgeon (*Christ's Words*), S. 100.

11. Philip P. Bliss (1838-1876): »*Hallelujah, What a Saviour!*« (deutscher Liedtitel »Halleluja, welch ein Heiland!«)

7: Seine Betonung der Unterordnung

1. A.d.Ü.: Das ist so richtig, obwohl in den meisten deutschen Ausgaben bei Markus (15,37) fälschlich übersetzt wird: »Jesus aber stieß einen lauten Schrei aus und verschied.« Nur Allioli übersetzt hier (wie die englischsprachigen Ausgaben) richtig: »Jesus aber schrie mit lauter Stimme und gab den Geist auf.« Der Grundtext-Vergleich: Matthäus (27,50): *ó dè `Iésous pálin kráxas phoné megálé àphéken tò pneuma* = Aber Jesus hatte wieder mit lauter Stimme geschrien und gab den Geist auf. Markus (15,37): *ó dè `Iésous ápheìs phonén megálén èxepneusen* =

Aber Jesus hatte einen lauten Schrei ausgestoßen und hauchte den Geist aus. Lukas (23,46): *touto dè eìpòn èxepneusen* = Dies aber gesagt habend, hauchte er den Geist aus. Johannes (19,30): *kaì klínas tén kephalén paredoken tò pneuma* = Und mit geneigtem Haupt gab er den Geist auf.

2. Warren Wiersbe in einer Predigt, die er im März 1978 in der Moody-Gemeinde hielt.
3. Zitiert bei Spurgeon (*Christ's Words*), S. 119.
4. James Montgomery Boice: *Homeward Bound*, in: Boice und Hyken, S. 65.
5. Dwight L. Moody, zitiert in A. P. Fitt: *The Life of D. L. Moody* (Chicago o.J., Moody Press), S. 122.

Nachwort: Das Kreuz aufnehmen und in die Welt tragen

1. W. E. Orchard: *In the Temple*, zitiert in *Christianity Today* vom 9. April 1990, S. 38.
2. Bonhoeffer *The Cost*, S. 79.

Warren W. Wiersbe
Wiersbe Kurzkommentar zum NT
Geb., 272 Seiten, Leseband

Kapitel für Kapitel geht der Autor durch jedes Buch des Neuen Testaments und zeigt wichtige Gedanken und Strukturen auf. Dieser Kurzkommentar hilft besonders jungen Christen, grundlegende Aussagen der Bibel zu entdecken und auf das eigene Leben anzuwenden. Ein idealer Begleiter für die tägliche Bibellese. Jedes Buch des NT wird knapp und trotzdem ausführlich vorgestellt und erklärt.
Best.-Nr. 273.916
EUR (D) 9,90 EUR (A) 10,20 SFR 14,90
ISBN 978-3-89436-916-3

J. Dwight Pentecoast
Die Gleichnisse Jesu verstehen
Geb., 208 Seiten

Fast ein Drittel der überlieferten Reden Jesu sind Gleichnisse. Wie man sie richtig auslegt, zeigt der Autor anhand von 40 Texten. Er untersucht Probleme oder besondere Fragen, bietet Lösungen und Hintergrundinformationen dazu.
Ein wichtiges Buch für jeden Bibelleser und jeden, der in der Gemeinde die Bibel auslegt.
Best.-Nr. 273.905
EUR (D) 15,90 EUR (A) 16,40 SFR 23,90
ISBN 978-3-89436-905-7

Hartmut Jaeger, Markus Wäsch (Hrsg.)
Jesus Christus – kurgefasst
Daten. Fakten. Wissenswertes.
Tb., 64 Seiten

Dieses Verteilbuch stellt Jesus Christus fragenden und suchenden Menschen vor, liefert Daten und Fakten zu seiner Person und konfrontiert den Leser mit der entscheidenden Frage: Wer ist Jesus für mich?
Best.-Nr. 273.910
EUR (D) 2,50 EUR (A) 2,60 SFR 3,90
ISBN 978-3-89436-910-1

Joseph M. Stowell
Nur Jesus zählt
Seine Nähe erleben, seine Liebe weitergeben
Geb., 160 Seiten

Man braucht Jesus – und einen guten Job und neue Freunde und ein besseres Gehalt und ... Diese Unds lenken vom Wesentlichen ab. Irgendwann hat man alles, nur Jesus liegt unter all diesen Dingen begraben.
Würden Sie es wagen, alles Störende beiseitezutun?
Best.-Nr. 273.608
EUR (D) 12,90 EUR (A) 13,30 SFR 19,50
ISBN 978-3-89436-608-7

Christliche Verlagsgesellschaft mbH
Kompetent. Profiliert. Engagiert.

Erwin W. Lutzer
Wie kann ich wissen, dass ich in den Himmel komme?
Pb., 176 Seiten

Erwin Lutzer erklärt, warum man wissen kann, wo man die Ewigkeit verbringt. Es geht u. a. um die Fragen: Wie vollkommen muss man für den Himmel sein? Ist die Gewissheit über seine ewige Zukunft vermessen? Was ist, wenn man Zweifel an seiner Errettung hat?
Best.-Nr. 273.693
EUR (D) 9,90 EUR (A) 10,20 SFR 14,90
ISBN 978-3-89436-693-3

Erwin W. Lutzer
Das 70x7-Prinzip
Befreit aus dem Gefängnis der Verbitterung
Pb., 160 Seiten

Erwin Lutzer beschreibt Situationen, in denen es um den Umgang mit schwierigen Personen, um Konflikte in der Familie oder unter Christen geht. Wie soll man sich verhalten? In diesem kurzweiligen und leicht lesbaren Buch lernt man, wie man von Verbitterung zu Vergebung und geistlichem Wachstum gelangt.
Best.-Nr. 273.637
EUR (D) 11,90 EUR (A) 12,20 SFR 17,90
ISBN 978-3-89436-637-7

Christliche Verlagsgesellschaft mbH
Kompetent. Profiliert. Engagiert.